일본어
멀티스터디의 모델

ありがとう～
あ り が と っ ～

日本語②
일 본 본 어

윤호숙, 겐코 히로아키, 김희박 공저

Nihongo
Factory

Foreign Copyright:
Joonwon Lee
Address: 10, Simhaksan-ro, Seopae-dong, Paju-si, Kyunggi-do,
        Korea
Telephone: 82-2-3142-4151
E-mail: jwlee@cyber.co.kr

ありがとう 日本語
아리가또 일본어 ❷

2009. 8. 17. 초 판 1쇄 발행
2019. 4. 26. 초 판 6쇄 발행

지은이 │ 윤호숙, 겐코히로아키, 김희박
펴낸이 │ 이종춘
펴낸곳 │ ㈜도서출판 **성안당**
주소 │ 04032 서울시 마포구 양화로 127 첨단빌딩 3층(출판기획 R&D 센터)
        │ 10881 경기도 파주시 문발로 112 출판문화정보산업단지(제작 및 물류)
전화 │ 02) 3142-0036
        │ 031) 950-6300
팩스 │ 031) 955-0510
등록 │ 1973. 2. 1. 제406-2005-000046호
출판사 홈페이지 │ **www.cyber.co.kr**
ISBN │ 978-89-315-8799-9 (13730)
정가 │ **17,000원**

이 책을 만든 사람들
기획 │ 최옥현
진행 │ 김해영
본문 디자인 │ 박원석
표지 디자인 │ 박원석
홍보 │ 김계향, 정가현
국제부 │ 이선민, 조혜란, 김혜숙
마케팅 │ 구본철, 차정욱, 나진호, 이동후, 강호묵
제작 │ 김유석

■ 도서 A/S 안내

성안당에서 발행하는 모든 도서는 저자와 출판사, 그리고 독자가 함께 만들어 나갑니다.
좋은 책을 펴내기 위해 많은 노력을 기울이고 있습니다. 혹시라도 내용상의 오류나 오탈자 등이
발견되면 **"좋은 책은 나라의 보배"**로서 우리 모두가 함께 만들어 간다는 마음으로 연락주시기
바랍니다. 수정 보완하여 더 나은 책이 되도록 최선을 다하겠습니다.
성안당은 늘 독자 여러분들의 소중한 의견을 기다리고 있습니다. 좋은 의견을 보내주시는 분께는
성안당 쇼핑몰의 포인트(3,000포인트)를 적립해 드립니다.

잘못 만들어진 책이나 부록 등이 파손된 경우에는 교환해 드립니다.

머리말

최근 글로벌 시대를 맞아 활발하게 이루어지는 한일 양국의 교류를 위해 일본어 능력을 갖춘 양질의 일본어 전문가 양성이 급선무입니다. 또한 인터넷 기술의 발달과 더불어 멀티미디어를 활용한 다양한 교육방식이 어느 때보다 절실하게 요구되고 있습니다.

그러나 여전히 영어를 비롯한 모든 외국어 교육이 실용성만을 너무 강조한 나머지 회화중심 일변도로 치우치고 있습니다. 이러한 현상은 언어의 4기능인 읽기, 쓰기, 듣기, 말하기의 종합적인 능력 향상에 걸림돌이 되고 있으며 어학 교재 면에서도 멀티미디어 방식이 적극 도입되지 못하는 장애 요인으로 작용하고 있는 실정입니다.

일본어에 능통하려면 어휘력과 정확한 어법 지식이 필수적이나 이보다 앞서 기초 과정이 가장 중요하다고 할 수 있습니다.

본 교재는 이러한 점들을 감안하여 일본어를 전혀 모르는 학습자를 대상으로 일본어의 기본 문자인 히라가나와 가타카나의 습득 및 발음 연습을 정확하게 터득하게 한 뒤에 기본적인 어휘, 문형, 문법 학습을 통해 간단한 독해, 작문, 청취, 회화를 가능하게 하는 것을 목표로 하였습니다. 또한 어휘와 문장 등 전반적인 내용을 실용적이면서 알기 쉽게 구성하여 학습자들이 일본어를 재미있게 익혀서 일본어 구사 능력이 자연스럽게 향상될 수 있도록 했습니다.

이 밖에도 심화학습을 통해서는 각 과에서 배운 지식을 발전시켜 실생활에 응용할 수 있고, 동영상, MP3 CD, MP3 등 다양한 멀티미디어 교육기자재를 통해서는 일회성 학습방식을 지양하고 배운 내용을 반복 학습하는 기회를 제공함으로써 완벽한 기초 실력을 다질 수 있습니다.

따라서 본 교재는 일본어 학습자의 체계적인 기초 일본어 교육에 실질적으로 큰 도움이 되어줄 뿐만 아니라, 나아가서는 정확한 일본어 능력을 향상시켜 유능한 일본어 전문가를 육성하는 데에 그 토대를 마련해 줄 수 있을 것입니다.

본 교재가 완성되기까지 물심양면으로 애써주신 니혼고팩토리의 임직원을 비롯한 관계자 여러분께 진심으로 감사의 뜻을 전합니다.

2009년 8월 1일
저자 일동

목차 및 각 과의 학습 목표

이 교재의 구성과 특징

❶ 〈아리가또 일본어 시리즈〉는 모두 세 권으로 구성, 일본어의 입문 과정을 완벽하게 소화하고 초급 학습이 원활하게 이루어질 수 있도록 기획된 교재입니다.

❷ 이 교재는 총 19과와 종합문제 및 부록 등으로 구성되어 있습니다. 부록에는 문형연습, 연습문제, 듣기연습의 해답, 해석 등이 실려 있습니다.

❸ 각 과의 첫 페이지에는 각 과에서 배워야 할 학습 내용이 제시되어 있습니다.

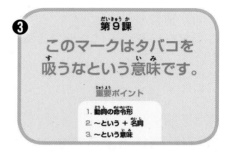

❹ 이어서 각 과에서 익혀야 할 기본 단어인 **ダイアローグ単語**와 각 과의 메인 회화문인 **ダイアローグ**가 이어집니다. **ダイアローグ単語**는 기억하기 쉽도록 그림과 함께 실어 학습에 도움이 되도록 했습니다. 또한 **ダイアローグ**에서는 각 과의 학습 목표를 자연스럽게 익힐 수 있으면서도 일본생활의 다양한 상황을 간접경험할 수 있도록 현장감 있는 내용을 실었습니다.

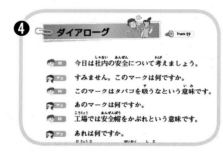

❺ **重要文法と表現**에서는 각 과에서 익혀야 할 문법 사항을 이해하기 쉽도록 정확한 설명 및 적절한 예문과 함께 해설했습니다. 필요한 경우에는 도표 등을 이용해 한눈에 알아볼 수 있도록 했습니다. 또한 심화학습을 위해 **チップ**란을 마련하여 다양한 학습 정보를 제공했습니다.

❻ **文型練習**에서는 각 과의 핵심 문법을 다양한 상황에 적용해 반복학습할 수 있도록 함으로써, 학습한 내용이 입에 붙도록 해 줄 것입니다. 교재에 주어진 상황 이외에도 여러 상황을 설정하여 연습하면 더욱 좋은 학습효과를 거두실 수 있습니다.

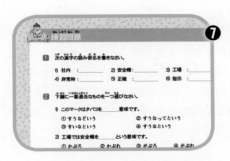

❼ 練習問題는 각 과에서 익힌 내용을 점검하는 코너입니다. 충분히 학습되었다고 생각되는 시점에서 풀어 보시고, 틀린 문제는 꼭 복습하시기 바랍니다.

❽ 応用会話는 자유롭게 말하고 대화하도록 마련된 코너입니다. 교재에 제시된 상황 외에도 자신의 주위 상황에 맞춰서 융통성 있게 말하고 대화해 봄으로써, 응용회화 실력을 높일 수 있습니다.

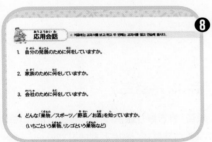

❾ 聞き取り・書き取り練習에는 각 과의 ダイアローグ가 공란과 함께 실려 있습니다. 음성 녹음을 듣고 공란에 들어갈 말을 받아적어 봄으로써, 회화 학습의 필수 사항인 듣기 실력을 확실하게 기를 수 있습니다.

❿ 언어에는 그 나라의 문화가 녹아들어 있습니다. 따라서 본 교재에서는 日本文化란을 마련하여 꼭 알아야 할 일본의 문화를 사진 자료와 함께 재미있게 소개했습니다.

⓫ 마지막으로 부록에는 文型練習, 練習問題, 応用会話, 総合問題, 聞き取り・書き取り練習 등의 해답, ダイアローグ 및 重要文法と表現의 해석 등이 수록되어 있습니다.

종합문제는 이 교재에서 학습한 모든 내용을 종합적으로 이용해 풀 수 있는 문제들이 수록되어 있습니다. 한 권의 학습을 어느 정도 소화했는지 자가점검해 보고, 틀린 문제들은 반드시 복습하여, 이해하지 못하고 지나치는 일이 없도록 하시기 바랍니다.

해답 코너에서는 文型練習과 練習問題, 聞き取り・書き取り練習의 해답이 실려 있습니다. 말해 보고 받아 적고, 풀어 본 문제들을 해답 코너를 통해 꼭 확인하시고, 틀린 부분에 대해서는 복습하시기 바랍니다.

해석 코너에는 ダイアローグ와 重要文法と表現에 나와 있는 일본어 문장들에 대한 해석을 실어 두었습니다.

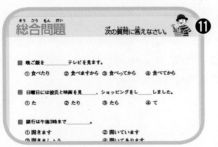

특별부록 이용법

1. 회화 본문 동영상 무료 제공

이 교재에는 다른 교재에서는 제공하지 않는 회화 본문 동영상을 제공합니다. 각 과의 ダイアローグ를 원어민들의 리얼 액션을 통해 실제 드라마처럼 감상하면서 학습하실 수 있습니다. 이는 문자와 음성만으로 학습하는 것보다 훨씬 높은 학습효과를 제공함은 물론 학습의 흥미까지 제공함으로써, 지루함 없이 일본어의 입문 학습을 끝까지 마칠 수 있도록 도와 드릴 것입니다.

2. 네이티브 녹음 MP3 무료 다운로드

이 교재에 실린 ダイアローグ와 文型練習, 書き取り練習 등을 생생한 네이티브의 음성으로 녹음한 MP3 파일을 담은 CD를 제공하고, 성안당 홈페이지(www.cyber. co.kr)를 통해서도 무료로 다운로드 받으실 수 있습니다. 특히 다이얼로그 회화는 한 마디 한 마디씩 따라서 말할 수 있도록 편집되어 있으므로, 더욱 효과적인 학습을 하실 수 있습니다.

3. 별책부록 기초한자 펜맨십

일본의 기본 문자 쓰기를 연습할 수 있는 〈아리가또 일본어①〉의 〈일본어 펜맨십〉에 이어 ②권에서는 기초 한자 쓰기를 연습할 수 있습니다. 정확한 모양과 순서가 제시되어 있으므로, 바르게 쓰는 연습을 하시기 바랍니다.

第１課
ゆうべはお酒を飲んで
カラオケまで行きました。

重要ポイント

1. 動詞の「て形」
2. 〜てください／〜てみてください
3. 〜てから 〜をする

ダイアローグ単語

①
寝<ruby>る<rt>ね</rt></ruby>
자다

② カラオケ
노래방

③ 飲<ruby>みすぎ<rt>の</rt></ruby>
과음

④
頭<ruby><rt>あたま</rt></ruby>
머리

⑤
痛<ruby>い<rt>いた</rt></ruby>
아프다

⑥
温<ruby>かい<rt>あたた</rt></ruby>
따뜻하다

⑦
冷<ruby>たい<rt>つめ</rt></ruby>
차갑다

⑧
薬<ruby><rt>くすり</rt></ruby>
약

⑨ ゆっくり : 천천히

⑩ 出<ruby>す<rt>だ</rt></ruby> : 내다, 꺼내다, 내놓다

⑪ わかる : 알다, 이해하다

⑫ 徹夜<ruby><rt>てつや</rt></ruby> : 철야

⑬ ゆうべ : 어젯밤

10

ダイアローグ

〈アルバイト先で〉

中村　キムさん、元気がないですね。

キム　昨日、徹夜でした。

中村　ゆうべは　何をしましたか。

キム　ゆうべはお酒を飲んで、カラオケまで行きました。

　　　飲みすぎで、頭が痛いです。

中村　これを飲んでみてください。

　　　温かいのと冷たいのがありますが、どちらがいいですか。

キム　温かいのをください。

中村　薬を飲んでから、ゆっくり休んでください。

キム　わかりました。

中村　元気を出してください。

キム　ありがとうございます。

重要文法と表現

1. 動詞の「～て(で)」 ~(해)서, ~(하)고

1) 動詞の「て形」の活用

動詞の種類	語尾	辞書形	語幹	て形	韓国語
1グループ (u동사) (5段動詞)	う／つ／る 「っ音便」	買~~う~~	買	って	사서, 사고
		立~~つ~~	立		서서, 서고
		頑張~~る~~	頑張		힘내서, 힘내고
	ぬ／ぶ／む 「ん音便」	死~~ぬ~~	死	んで	죽어서, 죽고
		遊~~ぶ~~	遊		놀아서, 놀고
		休~~む~~	休		쉬어서, 쉬고
	く／ぐ 「い音便」	書~~く~~	書	いて	써서, 쓰고
		急~~ぐ~~	急	いで	서둘러서, 서두르고
	す	話~~す~~	話	して	이야기해서, 이야기하고
	＊例外	行~~く~~	行	って	가서, 가고
2グループ (ru동사) (1段動詞)	る	食べ~~る~~	食べ	て	먹어서, 먹고
		見~~る~~	見		봐서, 보고
		起き~~る~~	起き		일어나서, 일어나고
3グループ (불규칙 동사)	辞書形				
	~~する~~			して	해서, 하고
	~~来る~~			きて	와서, 오고

2) 「て形」の種類

① 단순접속(~해서, ~하고)

- 朝早く起きる ＋ 散歩をする　→　朝早く 起きて 散歩をする。
- 日記をつける ＋ 寝る　→ 日記を つけて 寝る。

② 원인 · 이유(~해서)

- 風邪をひく＋ 病院へ行く　→ 風邪を ひいて 病院へ行く。
- 日本語の勉強を頑張りました ＋ 上手になりました
  → 日本語の勉強を 頑張って 上手になりました。

2. 動詞の「て形」＋ ください ： ～해 주세요, ～(하)세요

「てください」의 「ください」는 「くださる(주시다)」의 명령형. 다른 사람에게 부탁할 때 혹은 명령할 때 사용.

- すみません。ちょっと 待ってください。
- 日本語の本を毎日 読んでください。

3. い形容詞 ＋ の ＋ を ＋ ください ～(한) 것(을) 주세요.

- 冷たいのを ください。
- 温かいのと 冷たいのが ありますが、どちらがいいですか。

4. 動詞の「て形」＋ みる (한번) ～해 보다

- 漢字がわからなかったので、日本人の友だちに 聞いて みました。
- 今度、あの店のケーキを 食べて みます。

5. 動詞の「て」＋ から ～(하)고 나서, ～한 뒤에

- 山田さんが 帰ってから 富永さんが 来ました。
- 薬を 飲んでから ゆっくり休んでください。

チップ

～(を) ください ： ～(를/을) 주세요

❶ 名詞 ＋ を ください

例 コーヒーを ください。커피를 주세요.

❷ な形容詞(～な) ＋ の ＋ を ください

例 新鮮なのを ください。신선한 것을 주세요.

1 例のように練習をしてみましょう。 🎧 Track 02

 バスに乗る　 塾に行く　 勉強をする

→ バスに乗って、塾に行って、勉強をします。

①

家に帰る　　ご飯を食べる　日本のドラマを見る

→ _____。

②

野球をする　シャワーを浴びる　ご飯を食べる

→ _____。

③

デパートへ行く　化粧品を買う　家に帰る

→ _____。

④

風邪をひく　薬を飲む　ゆっくり休む

→ _____。

⑤

友だちに会う　コーヒーを飲む　映画を見る

→ _____。

2 例のように練習をしてみましょう。 🔊 Track 03

例

顔を洗う　　　ご飯を食べる

→ 顔を 洗ってから、ご飯を 食べて ください。

① 日本語のmp3を聞く　　　ゆっくり寝る

→ 日本語のmp3を ＿＿＿＿＿＿＿、ゆっくり ＿＿＿＿＿＿＿ ください。

② シャワーを浴びる　　　買い物に出掛ける

→ シャワーを ＿＿＿＿＿＿＿、買い物に ＿＿＿＿＿＿＿ ください。

③ コーヒーを飲む　　　また戻る

→ コーヒーを ＿＿＿＿＿＿＿、また ＿＿＿＿＿＿＿ ください。

④ テストが終わる　　　遊びに行く

→ テストが ＿＿＿＿＿＿＿、遊びに ＿＿＿＿＿＿＿ ください。

⑤ 先生が来る　　　出発する

→ 先生が ＿＿＿＿＿＿＿、出発 ＿＿＿＿＿＿＿ ください。

1 <ruby>次<rt>つぎ</rt></ruby>の<ruby>漢字<rt>かんじ</rt></ruby>の<ruby>読<rt>よ</rt></ruby>み<ruby>仮名<rt>がな</rt></ruby>を<ruby>書<rt>か</rt></ruby>きなさい。

1) 風邪　　：_____　　2) 化粧品　：_____

3) 頑張る　：_____　　4) 新鮮　　：_____

5) 浴びる　：_____　　6) 出掛ける：_____

2 <ruby>下線<rt>かせん</rt></ruby>に<ruby>一番適当<rt>いちばんてきとう</rt></ruby>なものを<ruby>一<rt>ひと</rt></ruby>つ<ruby>選<rt>えら</rt></ruby>びなさい。

1) 朝早く_____散歩をする。

　　① おきで　　　　② おきって　　　③ おぎて　　　④ おきて

2) 日本語の勉強を_____上手になりました。

　　① がんばて　　　② がんばって　　③ かんばって　　④ かんばて

3) 日本語の本を毎日_____ください。

　　① よんて　　　　② よんで　　　　③ よむ　　　　④ よみて

4) <ruby>冷<rt>つめ</rt></ruby>たい_____を ください。

　　① の　　　　　　② なの　　　　　③ ×　　　　　④ に

5) <ruby>山田<rt>やまだ</rt></ruby>さんが_____<ruby>富永<rt>とみなが</rt></ruby>さんが 来ました。

　　① かえてから　　② かえたから　　③ かえってから　　④ かえってがら

3 <ruby>次<rt>つぎ</rt></ruby>の<ruby>韓国語<rt>かんこくご</rt></ruby>を<ruby>日本語<rt>にほんご</rt></ruby>に<ruby>直<rt>なお</rt></ruby>しなさい。

1) 어제는 술 마시고 노래방까지 갔습니다.

　_____。

2) 따뜻한 것과 차가운 것이 있습니다만, 어느 쪽이 좋습니까?

　_____。

3) 약을 먹고 나서 푹 쉬세요.

　_____。

［私の一日］（わたし・いちにち）

・朝、起きてから何をしますか。（あさ・お・なに）

　　→＿＿＿＿＿＿＿から、＿＿＿＿＿＿＿をします。

・何をしてから何をしますか。（なに・なに）

　　→＿＿＿＿＿＿を＿＿＿＿＿＿てから、＿＿＿＿＿＿。

私は今朝＿＿時に＿＿＿＿＿＿、＿＿＿＿＿＿から、＿＿＿＿＿＿。（わたし・けさ・じ）

それから、＿＿時に＿＿＿＿＿＿、＿＿＿＿＿＿。（じ）

午前〇〇時から午後〇〇時まで 。午後〇〇時から そして、（ごぜん・じ・ごご・じ・ごご・じ）

〇〇時から〇〇時まで塾で日本語の 、〇〇時に家へ 、（じ・じ・じゅく・にほんご・じ・うち）

、、〇〇時に 。（じ）

1. 塾が終わってから何をしますか。（じゅく・お・なに）
2. 今週の土曜日に何をしますか。（こんしゅう・どようび・なに）

■ **応用単語**（おうようたんご）

起（お）きる 일어나다 ｜ 新聞（しんぶん）を読（よ）む 신문을 읽다 ｜ 顔（かお）を洗（あら）う 얼굴을 씻다 ｜ 家（いえ）を出（で）る 집을 나서다 ｜ 地下鉄（ちかてつ）に乗（の）る 지하철을 타다 ｜ 働（はたら）く 일하다 ｜ 宿題（しゅくだい）をする 숙제를 하다 ｜ シャワーを浴（あ）びる 샤워를 하다 ｜ 寝（ね）る 자다

中村(女)　キムさん、　　　　　　　　　　　ですね。

キム(男)　昨日、徹夜でした。

中村(女)　　　　　　　　　　　は　何をしましたか。

キム(男)　ゆうべはお酒を　　　　　　　　　、カラオケまで行きました。

　　　　　飲みすぎで、頭が　　　　　　　　　です。

中村(女)　これを　　　　　　　　　ください。

　　　　　温かいのと　　　　　　　　　がありますが、どちらがいいですか。

キム(男)　温かい　　　　　　　ください。

中村(女)　薬を　　　　　　　、ゆっくり　　　　　　　　　ください。

キム(男)　わかりました。

中村(女)　元気を　　　　　　　　　ください。

キム(男)　ありがとうございます。

単語帳

日記(にっき) 일기 | つける 기입하다, 쓰다, 부착시키다, 달다, 접촉시키다, 바르다, 묻히다, 착용하다, 입다, 곁들이다, 덧붙이다, 딸리다 | 風邪(かぜ) 감기 | 引(ひ)く 걸리다, 당기다 | 頑張(がんば)る 견디다, 끝까지 노력하다 | お腹(なか) 배 | 漢字(かんじ) 한자 | 今度(こんど) 이번, 다음번 | 富永(とみなが) 도미나가(일본인의 성) | 薬(くすり) 약 | 新鮮(しんせん)だ 신선하다 | 塾(じゅく) 사설학원 | ドラマ 드라마 | シャワー 샤워 | 浴(あ)びる 끼얹다, 뒤집어쓰다 | 化粧品(けしょうひん) 화장품 | 出掛(でか)ける 외출하다 | 戻(もど)る 되돌아오다, 되돌아가다 | 宿題(しゅくだい) 숙제

02

第2課
だいにか

タバコを吸いながらコーヒーを飲んでいる人はだれですか。
す　　　　　　　　　　　　　　の　　　　　　　　ひと

重要ポイント
じゅうよう

> 1. 〜ている
> 2. 〜ながら

ダイアローグ単語

①
旅行（りょこう）
여행

②
友人（ゆうじん）
친구

③
アメリカ
아메리카, 미국

④
かっこいい
멋있다

⑤
結婚（けっこん）
결혼

⑥
めがね
안경

⑦
子犬（こいぬ）
강아지(작은개)

⑧
太る（ふと）
살찌다

⑨ 学生時代（がくせいじだい）： 학창시절

⑩ 彼（かれ）： 그, 그 남자

⑪ 今（いま）： 지금

⑫ 住む（す）： 살다

⑬ 勤める（つと）： 근무하다

⑭ もう： 이미, 벌써

⑮ めがねをかける： 안경을 쓰다

⑯ でも： それでも의 준말. 그럴지라도, 그러나, 하지만

⑰ 僕（ぼく）： 나. 남자가 동등하거나 손아래의 상대에게 쓰는 허물없는 말

⑱ ペット： 애완동물

⑲ ～けど： ～는데, ～지만

ダイアローグ

 Track 05

〈コーヒーショップで〉

山田　あ、イーさん、何を見ていますか。

イー　旅行の写真を見ています。学生時代の友人との……。

山田　このタバコを吸いながらコーヒーを飲んでいる人はだれで

すか。

イー　ソンさんです。

山田　かっこいいですね。

イー　彼は、今、アメリカに住んでいます。そこで韓国の会社に

勤めています。もう、結婚していますよ。

山田　そうですか。

イー　このめがねをかけている人と結婚しました。

山田　あ、子犬もいますね。でも、ちょっと太っていますね。

イー　ぼくのペットでしたけど、よく食べていましたからね。

1. 〜ている 〜고 있다, 〜어 있다

動詞의 「て形」에 「いる」가 붙어 주로 진행 및 상태의 의미로 사용됨.

1) 進行 : 〜(하)고 있다

- 田中さんは今コインランドリーで 洗濯をしています。
- 山田さんはお酒を飲んでカラオケで 歌っています。
- 野村さんは学食で昼ご飯を 食べています。

2) 状態 : 〜어 있다

- クラスのみんなで温泉に 行っています。
- 人が 死んでいます。
- 佐々木さんはもう学校に 来ています。
- あの子はお父さんに 似ています。
- 山下先生は 結婚しています。

＊山下さんは2年前に結婚しました。는 과거의 한 시점이 된다. 단, 지금까지 그 상태가 지속되고 있는 지는 알 수 없다.

2. 〜ながら 〜하면서

動詞의 「ます形」+ながら : 두 개의 동작이 동시에 진행되는 것을 나타낸다.

- 音楽を聞きながら 勉強をする。
- テレビを見ながら 晩ご飯を食べる。

❶ 직업을 나타내는 경우에도 「～ている」가 쓰인다.

• 私は英語を教えています。

　　나는 영어를 가르칩니다. → 나는 (지금) 영어를 가르치고 있습니다.

❷ 「～ている」 형태로 자주 쓰이는 동사

持っている	知っている	太っている	やせている
着ている	起きている	住んでいる	勤めている
似ている	死んでいる	結婚している	

＊ 注意

「行く」나 「来る」 같은 동사도 「行っている」와 「来ている」의 형태로 현재 진행 중인 동작이 아니라 과거의 동작에 의해 이루어진 현재의 상태를 나타낸다.

• 中国に行っています。중국에 가 있습니다.(중국에 가고 있습니다.〈×〉)

• うちに来ています。집에 와 있습니다.(집에 오고 있습니다.〈×〉)

동사변화에 주의 : いる는 아래와 같이 2그룹동사활용을 한다.

食べている

	肯定	否定
現在	食べています	食べていません
過去	食べていました	食べていませんでした

❸ ～ている ＋ 人 : ～하고 있는 사람

• このめがねをかけている人と結婚しました。

　　이 안경을 쓰고 있는 사람과 결혼했습니다.

• あそこでゲームをしている人は誰ですか。

　　저쪽에서 게임을 하고 있는 사람은 누구입니까?

文型練習

1 例のように練習をしてみましょう。 🎧 Track 06

例　女の人は靴をはいています。

①

1) バックをかける　→ ＿＿＿＿＿＿＿＿＿＿＿＿＿＿＿。

2) ブラウスを着る　→ ＿＿＿＿＿＿＿＿＿＿＿＿＿＿＿。

3) スカートをはく　→ ＿＿＿＿＿＿＿＿＿＿＿＿＿＿＿。

4) 靴をはく　→ ＿＿＿＿＿＿＿＿＿＿＿＿＿＿＿。

5) 時計をする　→ ＿＿＿＿＿＿＿＿＿＿＿＿＿＿＿。

6) スカーフをする　→ ＿＿＿＿＿＿＿＿＿＿＿＿＿＿＿。

②

1) 帽子をかぶる　→ ＿＿＿＿＿＿＿＿＿＿＿＿＿＿＿。

2) ベルトをする　→ ＿＿＿＿＿＿＿＿＿＿＿＿＿＿＿。

3) ネクタイをしめる　→ ＿＿＿＿＿＿＿＿＿＿＿＿＿。

4) スーツを着る　→ ＿＿＿＿＿＿＿＿＿＿＿＿＿＿＿。

5) かばんを持つ　→ ＿＿＿＿＿＿＿＿＿＿＿＿＿＿＿。

2 例のように練習をしてみましょう。 Track 07

例
友だちと話す／コーヒーを飲む

→ 友だちと話しながら、コーヒーを飲んでいます。

① 会社の同僚とお酒を飲む／歌を歌う

→ 会社の同僚とお酒を_____、歌を_____います。

② ご飯を食べる／おもしろいテレビ番組を見る

→ ご飯を_____、おもしろいテレビ番組を_____います。

③ 勉強をする／音楽を聞く

→ 勉強を_____、音楽を_____います。

④ ワインを飲む／食事をする

→ ワインを_____、食事を_____います。

⑤ 運転をする／アイスを食べる

→ 運転を_____、アイスを_____います。

練習問題

1 次の漢字の読み仮名を書きなさい。

1) 時代　　:_____　　2) 勤める　:_____

3) 友人　　:_____　　4) 子犬　　:_____

5) 学食　　:_____　　6) 太る　　:_____

2 下線に一番適当なものを一つ選びなさい。

1) 本を_____、コーヒーを飲んでいる人はだれですか。

　　① よみながら　　② よむながら　　③ よみなから　　④ よむなから

2) そこで、韓国の会社に_____います。

　　① つとめで　　　② つとめて　　　③ つどめて　　　④ つとめる

3) 山田さんはお酒を飲んでカラオケで_____います。

　　① うたて　　　　② うたう　　　　③ うたって　　　④うたっで

4) 音楽を_____勉強をする。

　　① ききながら　　②きいてながら　　③ききなから　　④ きくながら

5) テレビを_____晩ご飯を食べる。

　　① みりながら　　②みてながら　　③ みなから　　　④ みながら

3 次の韓国語を日本語に直しなさい。

1) 담배를 피우면서 커피를 마시고 있는 사람은 누구입니까?

_____。

2) 강아지도 있군요. 그런데 좀 살쪘네요.

_____。

3) 반 모두가 온천에 갔습니다.

_____。

質問：〇〇さんは何をしていますか。 しつもん なに

■ 応用単語 おうようたん ご

お菓子(かし) 과자 | 撮(と)る (사진을) 찍다 | 掃除(そうじ) 청소 | 運動(うんどう) 운동 | 泣(な)く 울다 | 漫画(まんが) 만화

山田(女)　あ、イーさん、何を⬚⬚⬚⬚⬚⬚か。

イー(男)　旅行の写真を⬚⬚⬚います。学生時代の⬚⬚⬚……。

山田(女)　このタバコを⬚⬚⬚⬚⬚コーヒーを⬚⬚⬚⬚⬚人

　　　　　はだれですか。

イー(男)　ソンさんです。

山田(女)　かっこいいですね。

イー(男)　彼は、今、アメリカに⬚⬚⬚⬚⬚⬚います。

　　　　　そこで韓国の会社に⬚⬚⬚⬚⬚います。

　　　　　もう、⬚⬚⬚⬚⬚⬚よ。

山田(女)　そうですか。

イー(男)　このめがねを⬚⬚⬚⬚⬚⬚人と結婚しました。

山田(女)　あ、子犬もいますね。でも、ちょっと⬚⬚⬚⬚⬚

　　　　　いますね。

イー(男)　ぼくのペットでしたけど、よく⬚⬚⬚⬚⬚いました

　　　　　からね。

単語帳

コインランドリー 동전 세탁기 | 学食(がくしょく) 학생식당 | 昼御(ひる)ご飯(はん) 점심밥 | クラス 학급(반) | みんな 모두 | 子(こ) 아이 | 似(に)る 닮다, 비슷하다 | 晩(ばん)ご飯(はん) 저녁밥 | 英語(えいご) 영어 | 教(おし)える 가르치다 | 持(も)つ 가지다, 들다 | 知(し)る 알다 | 太(ふと)る 살찌다 | やせる 여위다, 마르다 | 着(き)る 입다 | 住(す)む 살다 | 勤(つと)める 근무하다 | かける 몸에 걸치다 | ブラウス 블라우스 | スカート 스카트, 치마 | はく 신다, 입다 | スカーフ 스카프 | かぶる 쓰다 | メガネ 안경 | スーツ 양복 | 同僚(どうりょう) 동료 | おもしろい 재미있다 | 番組(ばんぐみ) (방송)프로그램 | 音楽(おんがく) 음악 | 食事(しょくじ) 식사 | 運転(うんてん) 운전 | アイス 아이스크림

03

だい さん か
第3課
よ やく
チケットは予約してありますか。

じゅうよう重要ポイント

1. ～てある(じょうたい)(状態)
2. ～ておく
3. ～てしまう(かんりょう こうかい ざんねん)(完了、後悔と残念)
4. じ どう し た どう し自動詞／他動詞

ダイアローグ<ruby>単語<rt>たん ご</rt></ruby>

①
チケット
티켓(표)

②
<ruby>予約<rt>よ やく</rt></ruby>
예약

③
<ruby>人気<rt>にん き</rt></ruby>
인기

④
<ruby>満員<rt>まんいん</rt></ruby>
만원

⑤
<ruby>矢印<rt>や じるし</rt></ruby>
화살표

⑥
<ruby>並<rt>なら</rt></ruby>ぶ
줄을 서다,
늘어서다,
나란히 서다

⑦
<ruby>道案内<rt>みちあんない</rt></ruby>
길 안내

⑧ <ruby>次<rt>つぎ</rt></ruby> : 다음

⑨ **もっと** : 더, 더욱, 좀더, 한층

⑩ **まだ** : 아직

⑪ **〜ですから** : 〜이어서, 〜이기 때문에

⑫ **すぐ** : 곧, 즉시, 금방

⑬ **〜ておく** : 〜(해) 두다, 〜(해) 놓다

⑭ **<ruby>係員<rt>かかりいん</rt></ruby>** : 계원, 담당자

⑮ **〜てある** : 〜(되)어 있다

ダイアローグ

Track 09

〈ユニバーサルスタジオで〉

中村 　とても楽しいですね。

キム 　次に行くのはもっとおもしろいですよ。

中村 　チケットは予約してありますか。

キム 　まだです。

中村 　人気のアトラクションですから、すぐ満員になってしまい

　　　ますよ。

キム 　じゃ、ぼくが予約しておきます。

中村 　お願いします。

キム 　あれはなんですか。矢印が並んでいますね。

中村 　道案内でしょう。あそこにも並べてありますね。

キム 　あ、係員があそこにも並べていますよ。

重要文法と表現

1. ～てある(状態) ～(되)어 있다

상태의 의미로 쓰인 경우 「～ている」는 自動詞, 「～てある」는 他動詞에 쓰인다.

- 窓が開いて いますね。(自動詞／저절로).
- 窓が開けて ありますね。(他動詞／연 사람이 있음을 의식)
- 新しいラーメンやさんの前に人が並んで います。(自動詞／저절로)
- デパートのショーウィンドーに品物が並べて あります。(他動詞／진열한 사람을 의식)

> ＊ 注意
>
> 「～ている」가 他動詞에 붙을 경우에는 動作進行의 의미이다.
>
> - 窓を開けて いますね。(창문을 열고 있군요.)
> - 係員があそこにも並べて いますよ。(담당자가 저쪽에도 나열하고 있어요.)

2. ～ておく ～(해) 두다, ～(해) 놓다

- 料理を作って おきます。
- 部屋はきれいに掃除して おきました。

3. ～てしまう(完了, 後悔と残念) ～해 버리다

'動詞의 「て形」＋ しまう' 문장은 完了, 後悔, 残念 등의 의미로 사용된다. 문장에 따라 달라질 수도 있다.

- 日本語の本を読んで しまいました。
- ダイエット中なのにチョコレートを全部食べて しまいました。
- 借りた本を無くしてしまいました。

> ＊ 注意
>
> 회화체에서 「～てしまう」는 「～ちゃう」로, 「～でしまう」는 「～じゃう」로 축약된다.
>
> - 行ってしまった → 行っちゃった
> - 遊んでしまった → 遊んじゃった

❶ 自動詞／他動詞

ア段 ＋ る 自動詞	韓国語	エ段 ＋ る 他動詞	韓国語
終わる	끝나다	終える	끝내다
始まる	시작되다	始める	시작하다
集まる	모이다	集める	모으다
曲がる	구부러지다	曲げる	구부리다
止まる	멈추다	止める	세우다
上がる	오르다	上げる	올리다
下がる	내려가다	下げる	내리다
決まる	정해지다	決める	정하다
変わる	변하다	変える	바꾸다
閉まる	닫히다	閉める	닫다

～る 自動詞	韓国語	～す 他動詞	韓国語
戻る	되돌아가(오)다	戻す	되돌리다, 돌려주다
通る	통과하다	通す	통과시키다
起きる	일어나다	起こす	일으키다
出る	나가다	出す	꺼내다, 내다
落ちる	떨어지다	落とす	떨어뜨리다
消える	꺼지다	消す	끄다

ウ段 自動詞	韓国語	エ段 ＋ る 他動詞	韓国語
開く	열리다	開ける	열다
つく	붙다	つける	붙이다
並ぶ	늘어서다	並べる	나란히 세우다
入る	들어가(오)다	入れる	넣다

❷ 状態を表わす自動詞・他動詞

自動詞 ＋ ている	他動詞 ＋ てある	韓国語
窓が開いている	窓が開けてある	문이 열려 있다
電気がついている	電気がつけてある	전기가 켜져 있다
車が止まっている	車が止めてある	차가 멈춰 있다
鍵がかかっている	鍵がかけてある	(열쇠가) 잠겨 있다

文型練習

1 例のように練習をしてみましょう。 🎧 Track 10

ドアが開く／ある

→ドアが開けてあります。

①

電気がつく／ある

→ 電気が＿＿＿＿＿＿＿＿＿＿＿あります。

②

車が止まる／ある

→ 車が＿＿＿＿＿＿＿＿＿＿＿あります。

③

キーがかかる／ある

→ キーが＿＿＿＿＿＿＿＿＿＿あります。

④

テレビが消える／ある

→ テレビが＿＿＿＿＿＿＿＿＿＿あります。

⑤

日本語のテキストが出る／ある

→ 日本語のテキストが＿＿＿＿＿＿＿＿＿＿あります。

2 例のように練習をしてみましょう。 Track 11

例

チケットを買います。

→ チケットを買っておきます。

① 花を飾ります。

→ 花を_____。

② ワインを冷やします。

→ ワインを_____。

③ 料理を作ります。

→ 料理を_____。

3 例のように練習をしてみましょう。 Track 12

例

テーブルの上のケーキ／全部食べる

→ テーブルの上のケーキは全部食べてしまいました。

① 冷蔵庫のワイン／全部飲む

→ 冷蔵庫のワインは全部_____。

② 新しい言葉／もう覚える

→ 新しい言葉はもう_____。

③ 朝ねぼう／する

→ 朝ねぼうを_____。

1 次の漢字の読み仮名を書きなさい。

1) 予約 : _____   2) 満員 : _____

3) 矢印 : _____   4) 係員 : _____

5) 品物 : _____   6) 飾る : _____

2 下線に一番適当なものを一つ選びなさい。

1) チケットは予約_____ありますか

　① する　　　　② しって　　③ おいて　　④ して

2) あれはなんですか。矢印が_____いますね。

　① ならへて　　② ならべって　③ ならぶ　　④ ならんで

3) 電車の中にかさを_____しまいました。

　① わすれて　　② わすれって　③ わすれる　　④ わすって

4) 借りた本を_____しまいました。

　① なくしって　② なくして　③ なくって　　④ なくしで

5) 部屋はきれいに掃除して_____。

　① おきてました　② あきました　③ おきました　④ おきっました

3 次の韓国語を日本語に直しなさい。

1) 제가 예약해 두겠습니다.

　_____。

2) 담당자가 저쪽에도 나열하고 있어요.

　_____。

3) 일본어 책을 다 읽었습니다.

　_____。

応用会話 _{おうようかいわ}

★ 처음에는 교과서를 보고 하고 두 번째는 교과서를 덮고 연습해 봅시다.

1. ○○○さんの家の机の上に何がおいてありますか。
   <small>いえ つくえ うえ なに</small>

2. 映画のチケットを無くしたことがありますか。
   <small>えいが な</small>

3. 今、教室の窓が開けてありますか。
   <small>いま きょうしつ まど あ</small>

4. ○○○さんの家の冷蔵庫の中にビールが冷やしてありますか。
   <small>いえ れいぞうこ なか ひ</small>

5. ○○○さんのかばんに何が入っていますか。
   <small>なに はい</small>

■ 応用単語 _{おうようたんご}

• 〜ことがある 〜(한) 적이 있다

聞き取り・書き取り練習 _{きとかとれんしゅう}

★ 잘 듣고 다음의 공란을 일본어로 채워 봅시다. Track 13

中村(女)	とても楽しいですね。
キム(男)	次に　　　　　　　　　　もっとおもしろいですよ。
中村(女)	チケットは予約　　　　　　　　　　　　　　　　　。
キム(男)	まだです。
中村(女)	のアトラクションですから、
	すぐ満員に　　　　　　　　　　　　　　　よ。
キム(男)	じゃ、ぼくが予約して　　　　　　　　　。
中村(女)	お願いします。
キム(男)	あれはなんですか。矢印が　　　　　　　　　　ね。
中村(女)	でしょう。あそこにも並べてありますね。
キム(男)	あ、係員があそこにも　　　　　　　　　　いますよ。

単語帳 _{たんごちょう}

窓(まど) 창문 | デパート 백화점 | ショーウィンドー 쇼윈도우 | 品物(しなもの) 물건, 상품 | 掃除(そうじ) 청소 | 忘(わす)れる 잊다 | ダイエット 다이어트 | チョコレート 초콜릿 | 全部(ぜんぶ) 전부 | 借(か)りる 빌리다 | 無(な)くす 잃다, 분실하다 | ドア 문 | 電気(でんき) 전기 | キー 열쇠 | テキスト 텍스트, 교과서 | 飾(かざ)る 장식하다 | ワイン 와인 | 冷(ひ)やす 차게 하다 | テーブル 테이블 | ケーキ 케이크 | 冷蔵庫(れいぞうこ) 냉장고 | 言葉(ことば) 말, 언어 | おぼえる 외우다, 암기하다 | 朝(あさ)ねぼう 늦잠을 잠

日本文化
（に　ほん　ぶん　か）

유니버설 스튜디오 재팬 (ユニバーサル・スタジオ・ジャパン)

헐리웃 영화를 본떠서 만든 세계 최고급 영화 테마파크로, 세계적인 엔터테인먼트만을 모아놓았다. 특히 초대작 영화를 재현한 환상적인 어트랙션들이 볼거리이다. 유니버설 스튜디오 재팬(ユニバーサル・スタジオ・ジャパン)은 모두 9개의 영역으로 나뉜다.

각 영역은 헐리웃 초대형 영화를 테마로 한 탈거리, 인기 캐릭터가 등장하는 환상적인 쇼, 헐리웃에나 가야 볼 수 있는 감동적인 쇼, 브로드웨이 뮤지컬 특별공연 등 어린이에서 어른까지 모두 즐길 수 있는 이국적이고 화려한 주제들로 구성되어 있다.

한편, 즐길 거리 외에도 분위기와 맛 모든 면에서 최고 수준을 자랑하는 레스토랑도 운영되고 있다. 이 레스토랑은 영화의 세계를 100% 직접 체험할 수 있도록 기획되었는데, 유명 영화에 등장하는 다양한 스타일의 서비스와 요리를 제공한다.

특히 인기 영화 장면을 재현한 독특한 인테리어와 메뉴 등 개성 만점의 레스토랑이 인기를 끌고 있다.

04

第4課
だい よん か

ここでタバコを吸ってもいいですか。
す

重要ポイント
じゅうよう

1. **許可表現**：〜て(で)もいいです(か)
きょ か ひょうげん
　　　　　　　　〜て(で)もかまいません(か)
2. **禁止表現**：〜て(で)はいけません
きん し ひょうげん
　　　　　　　　〜て(で)はなりません
　　　　　　　　〜だめです／〜て(で)はこまります

ダイアローグ単語

① 喫煙室
きつえんしつ
흡연실

② 行ってきます
い
다녀오겠습니다

③ 吸いがら
す
담배꽁초

④ 捨てる
す
버리다

⑤ だめ
안 됨

⑥ はいざら
재떨이

⑦ 吸いすぎる
す
너무 피우다

⑧ ～てもいいですか : ～(해)도 됩니까?

⑨ ～てはいけません : ～(해)서는 안 됩니다

⑩ ～てはなりません : ～(해)서는 안 됩니다

⑪ ～てもかまいません : ～(해)도 상관없습니다

⑫ ～ては困ります : ～(해)서는 곤란합니다
こま

⑬ やっぱり : 역시

ダイアローグ

 Track 14

〈会社で〉

イー　ここでタバコを吸ってもいいですか。

山田　ここではタバコを吸ってはいけません。

イー　あそこではタバコを吸ってもいいですか。

山田　あそこは喫煙室ですから、タバコを吸ってもかまいません。

イー　じゃ、行ってきます。

-------------------------------- (흡연실에서) --------------------------------

林　あ、イーさん。吸いがらは そちらに捨ててはなりません。

イー　やっぱり、だめですか。

林　このはいざらに捨ててください。

イー　わかりました。

林　でも、吸いすぎては困りますよ。

重要文法と表現

1. 許可の表現

1) ～て(で)もいいです(か)：～해도 됩니다(까)

> 動詞の「て形」＋ も ＋ いい(です)(か)

- A：夜遅く電話してもいいですか。

  B：はい、いいですよ。

- A：トイレを借りてもいいですか。

  B：はい、どうぞ。

2) ～て(で)もかまいません(か)：～해도 상관없습니다(까)

> 動詞の「て形」＋ も ＋ かまいません(か)

- A：辞書を見てもかまいませんか。

  B：はい、かまいませんよ。

- A：窓を開けてもかまいませんか。

  B：はい、どうぞ。

2. 禁止の表現

1) ～て(で)はいけません：～해서는(하면) 안 됩니다

> 動詞の「て形」＋ は ＋ いけません

- 夜遅く電話してはいけません。

2) ～て(で)はなりません：～해서는(하면) 안 됩니다

> 動詞の「て形」＋ は ＋ なりません

- 明日、手術ですからお酒を飲んではなりません。

3) ～だめです：～해서는(하면) 안 됩니다

> 動詞の「て形」＋ は ＋ だめです

- うそをついてはだめです。

4) **～て(で)はこまります : ～해서는(하면) 곤란합니다**

> 動詞の「て形」＋ は ＋ 困ります

- 図書館で携帯を使っては困ります。

3. ～すぎる : 너무 지나침, 과함

> 動詞の「ます形」＋ すぎる

1) **1 グループ「u動詞(5 段動詞)」 : 「う段」을 지우고 「い段」으로 바꾼 다음 ＋「すぎる」**

語幹	語尾	＋	韓国語
飲	ま		
	み		
	~~む~~	すぎる	너무 마시다
	め		
	も		

- コーヒーを飲みすぎて 胃が痛いです。

2) **2 グループ「ru動詞(1 段動詞)」 : 어미 「る」를 지우고 ＋「すぎる」**

語幹	語尾	＋	韓国語
食べ	~~る~~	すぎる	너무 먹다(과식하다)

- ご飯を食べすぎて おなかがいたいです。

チップ

～すぎる : 너무 지나침, 과함

1) い形容詞 : 多い ＋ すぎる : 너무 많다.
- 今月は支出が 多すぎる。이번 달에는 지출이 너무 많다.

2) な形容詞 : まじめだ ＋ すぎる : 너무 성실하다
- 彼は本当に まじめすぎる。그는 정말로 너무 성실하다.

文型練習

1 例のように練習をしてみましょう。　🎧 Track 15

| 例 | A: ここでタバコを吸ってもいいですか。 |

例　ここでタバコを吸う

A: ここでタバコを吸ってもいいですか。
B: はい、吸ってもいいです。
　　いいえ、吸ってはいけません。

① 携帯電話をかける

A: 携帯電話を＿＿＿＿＿＿＿＿＿＿＿＿＿。
B: はい、＿＿＿＿＿＿＿＿＿＿＿＿＿＿。
　　いいえ、＿＿＿＿＿＿＿＿＿＿＿＿。

② ここに荷物を置く

A: ここに荷物を＿＿＿＿＿＿＿＿＿＿＿。
B: はい、＿＿＿＿＿＿＿＿＿＿＿＿＿＿。
　　いいえ、＿＿＿＿＿＿＿＿＿＿＿＿。

③ あそこに車を止める

A: あそこに車を＿＿＿＿＿＿＿＿＿＿＿。
B: はい、＿＿＿＿＿＿＿＿＿＿＿＿＿＿。
　　いいえ、＿＿＿＿＿＿＿＿＿＿＿＿。

④ ここに座る

A: ここに＿＿＿＿＿＿＿＿＿＿＿＿＿＿。
B: はい、＿＿＿＿＿＿＿＿＿＿＿＿＿＿。
　　いいえ、＿＿＿＿＿＿＿＿＿＿＿＿。

⑤ 手紙を読む

A: すみません。手紙を＿＿＿＿＿＿＿＿＿。
B: はい、＿＿＿＿＿＿＿＿＿＿＿＿＿＿。
　　いいえ、＿＿＿＿＿＿＿＿＿＿＿＿。

2 例のように練習をしてみましょう。 Track 16

例

寿司を食べる／おなかが痛い

→ 寿司を食べすぎて、おなかが痛くなりました。

①

テレビを見る／目が赤い

→ テレビを＿＿＿＿＿＿＿＿＿、目が＿＿＿＿＿＿＿＿＿＿＿。

②

お酒を飲む／頭が痛い

→ お酒を＿＿＿＿＿＿＿＿＿、頭が＿＿＿＿＿＿＿＿＿＿＿。

③

テニスをする／体の調子が悪い

→ テニスを＿＿＿＿＿＿＿＿、体の調子が＿＿＿＿＿＿＿＿。

④

買い物をする／お金がない

→ 買い物を＿＿＿＿＿＿＿＿、お金が＿＿＿＿＿＿＿＿＿＿＿。

1 次の漢字の読み仮名を書きなさい。

1) 喫煙室 : _____　　2) 困る : _____　　3) 手術 : _____

4) 捨てる : _____　　5) 吸う : _____　　6) 支出 : _____

2 下線に一番適当なものを一つ選びなさい。

1) ここでタバコを_____いいですか。

① すても　　② すては　　③ すっても　　④ すっでも

2) ここではタバコを_____いけません。

① すっては　　② すては　　③ すっでは　　④ すっても

3) あ、イーさん。_____は そちらに捨ててはなりません。

① すいから　　② すっては　　③ すうがら　　④ すいがら

4) トイレを_____いいですか。

① かりって　　② かりても　　③ かりでも　　④ かりっでも

5) タバコを_____困りますよ。

① すいすきては　② すいすぎでは　③ すいすぎては　④ すいすきでは

3 次の韓国語を日本語に直しなさい。

1) 여기에서는 담배를 피워서는 안 됩니다.

_____。

2) 흡연실이기 때문에 담배를 피워도 상관없습니다.

_____。

3) 하지만 너무 피우는 것은 곤란해요.

_____。

★ 처음에는 교과서를 보고 하고 두 번째는 교과서를 덮고 연습해 봅시다.

1. 次の絵を見ながら話してみましょう。

① 　　②

③ 　　④

⑤ 　　⑥

⑦

2. 次の会話を聞いて話してみましょう。　🎧 Track 17

先生（せんせい）　これから　試験を　始めます。

学生（がくせい）　先生、ボールペンで＿＿＿＿＿ても　いいですか。

先生（せんせい）　いいえ、いけません。

　　　　鉛筆で＿＿＿＿＿てください。

学生（がくせい）　辞書を＿＿＿＿＿ても　いいですか。

先生（せんせい）　いいえ、いけません。じゃ、始めます。

■ 応用単語 おうようたんご

騒（さわ）ぐ 떠들다 | 禁煙（きんえん）금연 | 禁酒（きんしゅ）금주 | 駐車禁止（ちゅうしゃきんし）주차금지 | 立入禁止（たちいりきんし）출입금지 | 試験（しけん）시험 | 始（はじ）める 시작하다

イー（男）　ここでタバコを　＿＿＿＿＿＿＿　いいですか。

山田（女）　ここではタバコを　＿＿＿＿＿＿＿　いけません。

イー（男）　あそこではタバコを　＿＿＿＿＿＿＿　いいですか。

山田（女）　あそこは　＿＿＿＿＿＿＿　ですから、

　　　　　　タバコを　＿＿＿＿＿＿＿＿＿＿＿。

イー（男）　じゃ、行ってきます。

-------------------------- （흡연실에서） --------------------------

林（男）　あ、イーさん。　＿＿＿＿＿＿　は　そちらに　＿＿＿＿＿　なりません。

イー（男）　やっぱり、＿＿＿＿＿＿　ですか。

林（男）　この　＿＿＿＿＿　に　＿＿＿＿＿　ください。

イー（男）　わかりました。

林（男）　でも、＿＿＿＿＿＿　困りますよ。

05

第5課
<ruby>だいごか<rt></rt></ruby>

イーさんは歌わないでくださいね。

重要ポイント

1. 動詞の「ない形」
2. ～なければならない
3. ～なくてもいい(です)
4. ～ないほうがいい
5. ～ないでください

①

〜ないでください
〜하지 말아주세요(마세요)

②

<ruby>大切<rt>たいせつ</rt></ruby>だ
중요하다, 소중하다, 귀중하다

③

よかった
잘됐다, 다행이다

④

さすが
과연, 역시

⑤ 〜なければなりません : 〜지 않으면 안 됩니다(〜해야 합니다)

⑥ 〜なくてもいいです : 〜지 않아도 됩니다

⑦ どうして : 왜, 어째서

⑧ 〜ないほうがいいです : 〜지 않는 편이 좋습니다

⑨ そう<ruby>思<rt>おも</rt></ruby>う : 그렇게 생각하다

⑩ <ruby>問題<rt>もんだい</rt></ruby> : 문제

⑪ <ruby>歌<rt>うた</rt></ruby>うこと : 노래하는 것

⑫ だから : 그러니까, 그래서, 때문에

〈カラオケで〉

林　今日はみんな歌わなければなりません。

チェ　イーさんは歌わなくてもいいです。

林　どうして？

チェ　イーさんは下手だから、歌わないほうがいいです。

山田　私もそう思いますよ。イーさんは歌わないでくださいね。

林　いいえ、上手、下手は問題ではありません。

みんなが歌うことが大切です。

だから、イーさんも歌ってください。

イー　よかった。さすが林さん。じゃ、がんばって歌います!!

重要文法と表現

1. 動詞の「ない形」 〜지 않다

동사나 형용사에 「ない」를 붙이면 '〜지 않다'란 의미의 부정표현이 된다.

1) 動詞の「ない形」の活用」

① 1グループ「u動사(5段動詞)」

語尾「う段」을「あ段」으로 바꾸고＋ない

会（あ）	わ	ない
	い	
	う	
	え	
	お	

書（か）	か	ない
	き	
	く	
	け	
	こ	

急（いそ）	が	ない
	ぎ	
	ぐ	
	げ	
	ご	

持（も）	た	ない
	ち	
	つ	
	て	
	と	

死（し）	な	ない
	に	
	ぬ	
	ね	
	の	

話（はな）	さ	ない
	し	
	す	
	せ	
	そ	

休（やす）	ま	ない
	み	
	む	
	め	
	も	

乗（の）	ら	ない
	り	
	る	
	れ	
	ろ	

遊（あそ）	ば	ない
	び	
	ぶ	
	べ	
	ぼ	

＊注意：「う」로 끝나는 동사의「ない形」은「〜あない」가 아니라「〜わない」가 된다.

52

② 2グループ「ru동사(一段動詞)」

語尾「る」를 지우고 「ない」를 붙인다.

語幹	語尾	＋
い	~~る~~	ない

語幹	語尾	＋
着	~~る~~	ない

語幹	語尾	＋
見	~~る~~	ない

語幹	語尾	＋
食べ	~~る~~	ない

語幹	語尾	＋
寝	~~る~~	ない

語幹	語尾	＋
起き	~~る~~	ない

③ 3グループ「불규칙 동사」

「ない」가 불규칙하게 붙는다.

する	しない
~~く~~る	こない

2. ～なければならない(義務の表現) : ～하지 않으면 안 된다(～해야 한다)

動詞の 否定仮定形「～なければ」＋「ならない」

＊ 動詞の否定仮定形の作り方

動詞のない形	仮定形	「なる」のない形		韓国語
行かない	ければ	ならない	行かなければならない	가지 않으면 안 된다

動詞の「ない形」에서「い」를 지우고 ＋ ければ ＋ ならない

• 金田さんに電話をかけなければならないです。
• 図書館では静かにしなければなりません。

3. ～なくてもいい(です) ～지 않아도 된다(됩니다)

> 動詞の「ない形」から「い」を消して＋くても＋いい

- 今日は学校へ行かなくてもいいです。
- 何も買わなくてもいいです。

4. ～ないほうがいい(忠告) ～지 않는 편이 좋다

> 動詞の「ない形」＋ほうがいい

- 健康のためにタバコは吸わないほうがいいですよ。
- あまり無理しないほうがいいです。

5. ～ないでください ～지 마세요, ～지 말아 주세요

> 動詞の「ない形」＋でください

- 約束を忘れないでください。
- お酒を飲まないでください。

チップ

～ことが～です : ～(하)는 것이 ～입니다

> 動詞の辞書形 ＋ ことが～です。

- みんなで歌うことが大切です。모두 노래하는 것이 중요합니다.

文型練習
ぶん けい れん しゅう

1 例のように練習をしてみましょう。 Track 20
れい　　　　　　　　れんしゅう

例 日本語／話す
　　にほんご　はな
→ 日本語で話さなければなりません。
　　にほんご　はな

① 学校／行く
　　がっこう　い
→ 学校_____。
　　がっこう

② 日本語の復習／する
　　にほんご　ふくしゅう
→ 日本語の復習_____。
　　にほんご　ふくしゅう

③ 薬／飲む
　　くすり　の
→ 薬_____。
　　くすり

2 例のように練習をしてみましょう。 Track 21
れい　　　　　　　　れんしゅう

例 薬／飲む
　　くすり　の
→ 薬を飲まなくてもいいです。
　　くすり　の

① ネクタイ／しめる
→ ネクタイ_____。

② 靴／脱ぐ
　　くつ　ぬ
→ 靴_____。
　　くつ

③ 明日は会社／来る
　　あした　かいしゃ　く
→ 明日は会社_____。
　　あした　かいしゃ

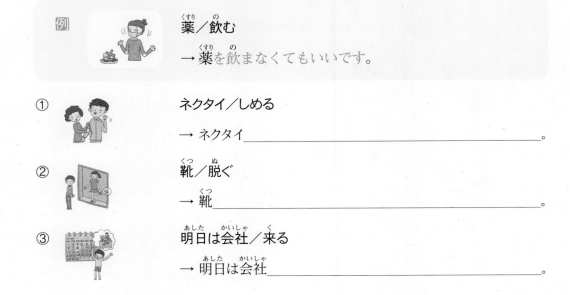

3 例のように練習をしてみましょう。　🎧 Track 22

> 例　今、家／帰る
> → 今、家に帰らないほうがいいです。

① タバコ／吸う

→ タバコ＿＿＿＿＿＿＿＿＿＿＿＿＿＿＿＿＿＿＿＿＿。

② お酒／飲む

→ お酒＿＿＿＿＿＿＿＿＿＿＿＿＿＿＿＿＿＿＿＿＿。

③ ごみ／捨てる

→ ごみ＿＿＿＿＿＿＿＿＿＿＿＿＿＿＿＿＿＿＿＿＿。

4 例のように練習をしてみましょう。　🎧 Track 23

> 例　コーヒー／飲む
> → コーヒーを飲まないでください。

① 砂糖／入れる

→ 砂糖＿＿＿＿＿＿＿＿＿＿＿＿＿＿＿＿＿＿＿＿＿。

② 私／忘れる

→ 私＿＿＿＿＿＿＿＿＿＿＿＿＿＿＿＿＿＿＿＿＿＿。

③ 遅刻／する

→ 遅刻＿＿＿＿＿＿＿＿＿＿＿＿＿＿＿＿＿＿＿＿＿。

1 次の漢字の読み仮名を書きなさい。

1) 下手 : ＿＿＿＿＿＿　2) 問題 : ＿＿＿＿＿＿　3) 大切 : ＿＿＿＿＿＿

4) 健康 : ＿＿＿＿＿＿　5) 無理 : ＿＿＿＿＿＿　6) 遅刻 : ＿＿＿＿＿＿

2 下線に一番適当なものを一つ選びなさい。

1) 今日はみんな＿＿＿＿＿＿なりません。

　① うたわなければ　　　　② うたわないければ

　③ うたあなければ　　　　④ うたわなげれば

2) イーさんは＿＿＿＿＿＿いいです。

　① うたわなくでも　　　　② うたわなぐても

　③ うたわなくても　　　　④ うたうなくても

3) みんなが＿＿＿＿＿＿大切です。

　① うたうこどが　② うたうことが　③ うたいことが　④ うたわなことが

4) だから、イーさんも＿＿＿＿＿＿ください。

　① うたって　　② うたて　　③ うだって　　④ うだて

5) よかった。さすが林さん。じゃ、＿＿＿＿＿＿歌います。

　① がんばって　② がんばて　③ かんばって　④ かんばて

3 次の韓国語を日本語に直しなさい。

1) 저도 그렇게 생각합니다. 이〇〇씨는 노래하지 말아 주세요.

　＿＿＿＿＿＿＿＿＿＿＿＿＿＿＿＿＿＿＿＿＿＿＿＿＿＿＿＿＿＿＿＿＿。

2) 잘하는지 못하는지는 문제가 아닙니다.

　＿＿＿＿＿＿＿＿＿＿＿＿＿＿＿＿＿＿＿＿＿＿＿＿＿＿＿＿＿＿＿＿＿。

3) 모두가 노래하는 것이 중요합니다.

　＿＿＿＿＿＿＿＿＿＿＿＿＿＿＿＿＿＿＿＿＿＿＿＿＿＿＿＿＿＿＿＿＿。

応用会話

★ 처음에는 교과서를 보고 하고 두 번째는 교과서를 덮고 연습해 봅시다.

バスの中です。

やってもいいこととやってはいけないことについて話してみましょう。

① ビールを飲む   ② 友だちと話をする

③ タバコを吸う   ④ サッカーをする

⑤ 寝る   ⑥ 携帯電話で話すとき、大声で話す

⑦ 外にごみを捨てる

⑧ 隣に人がいるとき、新聞を大きく広げて読む

⑨ 音楽を聞く   ⑩ カップラーメンを食べる

⑪ 漫画を読む

■ 応用単語と表現

カップラーメン 컵라면 | 隣 (となり) 옆

58

林(男)　今日はみんな　　　　　　　　　　　　なりません。

チェ(女)　イーさんは　　　　　　　　　　　　いいです。

林(男)　どうして？

チェ(女)　イーさんは下手だから、　　　　　　　　　　　　いいです。

山田(女)　私もそう思いますよ。

　　　　イーさんは　　　　　　　　　　　　くださいね。

林(男)　いいえ、上手、下手は問題ではありません。

　　　　みんなが　　　　　　　　　　が大切です。

　　　　だから、イーさんも　　　　　　　　　　くださいね。

イー(男)　よかった。　　　　　　　　林さん。

　　　　じゃ、　　　　　　　　歌います!!

単語帳

健康(けんこう) 건강 | 無理(むり) 무리 | 約束(やくそく) 약속 | やる 하다, 주다 | 幸(しあわ)せ 행복 | 復習(ふくしゅう) 복습 | 脱(ぬ)ぐ 벗다 | 捨(す)てる 버리다 | ごみ 쓰레기 | 砂糖(さとう) 설탕 | 遅刻(ちこく) 지각

日本文化
(に ほん ぶん か)

가라오케(カラオケ)

　'가라오케(カラオケ)'에서 '가라(カラ)'는 '비어 있다(空っぽ)'라는 뜻이고, '오케(オケ)'는 '오케스트라(オーケストラ)'의 약자이다. 이 용어는 원래 방송업계에서 생방송을 할 경우, 오케스트라의 반주에 너무나 많은 신경　　을 써야 하고 경비 면에서도 상당한 액수가 소요되는 어려움을 피하기 위해 미리 반주를 녹음해 두었다가 사용한 데에서 유래했다고 한다. 그리고 이것을 현재와 같은 형태, 즉 반주에 맞춰 노래를 부를 수 있는 서비스 개념을 도입하고 그것을 실현한 사람은 이노우에 다이스케(井上大佑)라는 일인 밴드연주자이며, 1971년도에 개발되었다.

　가라오케라는 비즈니스 모델이 성공한 이유 중 하나는 임대차의 개념을 도입한 데에 있다. 신곡이 계속해서 쏟아져 나오는 상황에서 매번 테이프를 구입하면 가게 입장에서 경제적으로 부담이 될 것이라는 배려 차원이었다고 하는데, 그것이 오늘날까지 지속될 수 있었던 원동력이 되었다.

　기술적 차원에서도 많은 변화가 있었는데, 가라오케라는 장치 및 비즈니스 모델은 이노우에가 발명해낸 것이다. 그러나 이노우에는 특허를 신청하지 않았다. 만일 특허를 냈더라면 연간 100억 엔에 달하는 특허권 수입을 벌어들였을 것으로 예상된다.

　그는 1999년 미국 타임지의 '금세기 아시아의 가장 영향력 있는 인물 20인'이라는 특집 기사에서 '모택동과 간디가 아시아의 낮을 바꾸었다면 이노우에는 아시아의 밤을 바꾼 남자'로 소개되었다. 또한 2004년에는 노벨 평화상을 수상하였고, 2005년에는 이노우에를 모델로 한 영화 「KARAOKE-人生紙一重-(가라오케 인생 종이 한 겹)」가 상영되었다.
(じんせいかみひと え)

　영국 정부가 2500명 이상의 성인을 대상으로 한 조사에서 '가장 중요하다고 생각되면서 가장 불쾌하게 느껴지는 발명품'으로 가라오케가 22%를 획득하여 휴대전화 등을 누르고 1위가 되었다. 영국에서는 일본처럼 방음시설이 갖추어진 가라오케가 아직 확산되지 않아 가라오케가 설치된 퍼브에서 음치와 취객의 노래 소리가 소음피해를 야기시킨다는 이유에서이다.

06

第6課
<ruby>だい<rt></rt></ruby><ruby>ろっ<rt></rt></ruby><ruby>か<rt></rt></ruby>

ぐっすり寝たほうがいいですよ。

重要ポイント

1. 動詞の「た形」
2. 〜たことがある
3. 〜たばかり
4. 〜(た)ほうがいいです。

①

大丈夫だ
괜찮다

②

大変だ
큰일이다, 고생스럽다

③

転ぶ
쓰러지다, 넘어지다

④

けがをする
다치다, 상처를 입다

⑤

マンガばかり
만화만

⑥

看護師
간호사

⑦ **〜ことがあります**：〜(한) 적이 있습니다

⑧ **ちゃんと**：제대로, 확실하게

⑨ **それで**：그래서

⑩ **つい**：조금, 바로

⑪ **最近**：최근, 요즘

⑫ **注意**：주의

⑬ **受ける**：받다

⑭ **やっぱり**：역시

⑮ **ちゃんと**：충분히, 꼼꼼히, 틀림없이

⑯ **〜ほうがいいです**：〜(하는) 편이 좋습니다

ダイアローグ

 Track 25

〈病院で － けがをしたキムに〉

中村　キムさん、大丈夫ですか。

キム　はい、大丈夫です。

中村　大変でしたね。私も転んでけがをしたことがあります。

キム　そうでしたか。

中村　夜はちゃんと寝ていますか。

キム　いいえ、マンガばかり読んでいます。

中村　えっ、マンガですか。

キム　はい。それで、つい最近、看護師さんから注意を受けたばかりです。

中村　やっぱり、けがをしたときは　ぐっすり寝たほうがいいですよ。

キム　はい、そうします。

重要文法と表現

1. 動詞の「た形」(過去・完了) 〜었(〜았)다

動詞の「た形」の活用

動詞の種類	語尾	辞書形	語幹	た形	韓国語
1グループ (u동사) (5段動詞)	う/つ/る 「っ音便」	買う	買	った	샀다
		立つ	立		섰다
		頑張る	頑張		힘냈다
	ぬ/ぶ/む 「ん音便」	死ぬ	死	んだ	죽었다
		遊ぶ	遊		놀았다
		休む	休		쉬었다
	く/ぐ 「い音便」	書く	書	いた	썼다
		急ぐ	急	いだ	서둘렀다
	す	話す	話	した	이야기했다
	＊ 例外	行く	行	った	갔다
2グループ (ru동사) (1段動詞)	る	食べる	食べ	た	먹었다
		見る	見		봤다
		起きる	起き		일어났다
3グループ (불규칙 동사)		する		した	했다
		来る		きた	왔다

2. 〜たことがある(経験) 〜한 적이 있다

動詞の「た形」＋ことがある

- 風邪をひいて学校を休んだことがある。
- 日本の温泉に行ったことがあります。

3. 〜ばかり

1) 名詞＋ばかり(限定)：〜만

- 小説ばかり読んでいます。
- いつも仕事ばかりしています。

2) 動詞の「た形」＋ ばかり（動作の完了）: 막 ～했다

동작이 완료되고 나서 시간이 얼마 안 지난 것을 나타낸다.

• 入ったばかりの会社をやめました。

• デジカメをはじめたばかりの人でもわかりやすいです。

4. ～(た)ほうがいい(忠告) : ～하는(한) 편이 좋다

• 日本語の勉強は毎日やったほうがいいです。

• 風邪をひいたときはゆっくり休んだほうがいいです。

• 野菜と果物は毎日食べたほうがいいですよ。

• 室内ではタバコは吸わないほうがいいですよ。

* 「～ほうがいい」는 대개 충고의 내용이 긍정일 경우 동사의 「た형」에 붙으며, 부정일 경우 동사의 「ない형」에 붙는다.

チップ

❶ 動詞の「た形」＋ ことがない : 「～한 적이 없다」 경험이 없음을 나타냄.

  • おすしを食べたことがありません。(ないです) 초밥을 먹은 적이 없습니다.

  • まだ新幹線に乗ったことがありません。(ないです) 아직 신칸센을 타 본 적이 없습니다.

❷ ～ばかり

> 動詞の「て形」＋ ばかりいる : ～하고만 있다(非難)

  • 田中さんは寝てばかりいます。다나카씨는 잠만 자고 있습니다.

  • 鈴木さんは遊んでばかりいます。스즈키씨는 놀고만 있습니다.

❸ 動詞 ＋ とき : ～(할, 했을)때

  • 風邪を引いたときはゆっくり休んだほうがいいです。
    감기에 걸렸을 때에는 푹 쉬는 편이 좋습니다.

文型練習（ぶんけいれんしゅう）

1 例（れい）のように練習（れんしゅう）をしてみましょう。 Track 26

例 けが／する

→ けがをしたことがあります。

① 山（やま）／登（のぼ）る

→ 山（やま）＿＿＿＿＿＿＿＿＿＿＿＿＿＿＿＿＿＿＿＿。

② 日本（にほん）の旅館（りょかん）／泊（と）まる

→ 日本（にほん）の旅館（りょかん）＿＿＿＿＿＿＿＿＿＿＿＿＿＿。

③ 富士山（ふじさん）／見（み）る

→ 富士山（ふじさん）＿＿＿＿＿＿＿＿＿＿＿＿＿＿＿＿。

2 例（れい）のように練習（れんしゅう）をしてみましょう。 Track 27

例 昼ご飯（ひるはん）／食（た）べる

→ 昼ご飯（ひるはん）を食（た）べたばかりです。

① 妹（いもうと）が先月（せんげつ）／生（う）まれる

→ 妹（いもうと）が先月（せんげつ）＿＿＿＿＿＿＿＿＿＿＿＿。

② 2ヶ月前（にかげつまえ）に結婚（けっこん）／する

→ 2ヶ月前（かげつまえ）に＿＿＿＿＿＿＿＿＿＿＿＿＿＿＿。

③ 先週（せんしゅう）、パソコン／買（か）う

→ 先週（せんしゅう）、パソコン＿＿＿＿＿＿＿＿＿＿＿＿＿。

3 例のように練習をしてみましょう。 Track 28

 薬を飲む／「た形」・「ない形」

→ 薬を 飲んだほうがいいです。

→ 薬を 飲まないほうがいいです。

① 彼女に電話する／「た形」

→ 彼女に＿＿＿＿＿＿＿＿＿＿＿＿＿＿＿＿＿＿＿＿＿＿。

② にきびをさわる／「ない形」

→ にきびを＿＿＿＿＿＿＿＿＿＿＿＿＿＿＿＿＿＿＿＿＿＿。

③ 毎日歩く／「た形」

→ 毎日＿＿＿＿＿＿＿＿＿＿＿＿＿＿＿＿＿＿＿＿＿＿＿＿。

④ クーラーをつける／「た形」

→ クーラーを＿＿＿＿＿＿＿＿＿＿＿＿＿＿＿＿＿＿＿＿。

⑤ あまり心配する／「ない形」

→ あまり心配＿＿＿＿＿＿＿＿＿＿＿＿＿＿＿＿＿＿＿＿。

1 次の漢字の読み仮名を書きなさい。

1) **大丈夫** : _____ 2) **転ぶ** : _____

3) **大変** : _____ 4) **最近** : _____

5) **看護師** : _____ 6) **注意** : _____

2 下線に一番適当なものを一つ選びなさい。

1) 私も転んでけがを_____があります。

① すること　　② しだこと　　③ したこと　　④ するごと

2) マンガ_____読んでいます。

① ばかり　　② はかり　　③ ばがり　　④ はがり

3) ぐっすり_____がいいですよ。

① ねたぼう　　② ねたほう　　③ ねだほう　　④ ねったほう

4) _____おすしを食べたことがありません。

① また　　② まだ　　③ まった　　④ またに

5) 風邪を引いたときはゆっくり_____がいいです。

① やすんたほう　② やすんだほう　③ やすんだぼう　④ やすんたぼう

3 次の韓国語を日本語に直しなさい。

1) 저도 넘어져서 다친 적이 있습니다.

_____。

2) 간호사에게 주의를 받은 지 얼마 안 되었습니다.

_____。

3) 아직 초밥을 먹어 본 적이 없습니다.

_____。

1. ○○○さんは日本に行ったことがありますか。

   日本はどうでしたか。

2. 合コンをしたことがありますか。

   合コンはどうでしたか。(好きなタイプの人に出会いましたか。)

3. KTXに乗ったことがありますか。

   KTXはどうでしたか。

4. テレビばかり見てもいいと思いますか。

5. とても安くて、いいパソコンがあります。買った方がいいですか。

   (あなたは買ったばかりのパソコンを持っています。)

6. 風邪をひいて、のどが痛いです。

   病院へ行ったほうがいいですか。(薬を飲んだほうがいいですか)

おうようたんご　ひょうげん
■ **応用単語と表現**

せきがでる 기침이 나다 | 熱(ねつ)がある 열이 있다 | のどが痛(いた)い 목이 아프다 | 寒気(さむけ)がする 한기가 들다 | 頭痛(ずつう) 두통 | むだ使(づか)い 낭비 | 目(め)に悪(わる)い 눈에 나쁘다 | 揺(ゆ)れが激(はげ)しい 요동이 심하다

中村（女） キムさん、＿＿＿＿＿＿＿＿ですか。

キム（男） はい、大丈夫です。

中村（女） 大変でしたね。私も転んで＿＿＿＿＿＿＿＿＿＿＿があります。

キム（男） そうでしたか。

中村（女） 夜はちゃんと寝ていますか。

キム（男） いいえ、＿＿＿＿＿＿＿読んでいます。

中村（女） え、マンガですか。

キム（男） はい。それで、＿＿＿＿最近、看護士さんから

　　　　　 注意を＿＿＿＿＿＿です。

中村（女） やっぱり、けがをしたときは ぐっすり＿＿＿＿＿＿＿＿ですよ。

キム（男） はい、そうします。

単語帳

小説(しょうせつ) 소설 | 辞(や)める 그만두다 | 果物(くだもの) 과일 | 旅館(りょかん) 여관 | 富士山(ふじさん) 후지산(일본에서 가장 높은 산 이름) | にきび 여드름 | さわる 만지다 | 歩(ある)く 걷다 | クーラーをつける 에어컨을 켜다 | 心配(しんぱい)する 걱정하다 | ゆっくり休(やす)む 푹 쉬다

07

第7課
だい なな か

何か食べたり、飲んだりしても
なん た の
いいですか。

重要ポイント
じゅうよう

1. 〜たり 〜たりする
2. 〜たら（仮定表現）
か ていひょうげん

ダイアローグ単語

①

喫茶店
찻집

② 人気
인기

③ いっしょに
함께

④

大人
성인(어른)

⑤

駅前
역 앞

⑥

夜遅く
밤 늦게

⑦ 知る : 알다

⑧ 置く : 두다, 놓다

⑨ 〜たり : 〜(하)거나, 〜(하)기도 하고

⑩ 〜たら : 〜(하)면

⑪ 場所 : 장소

⑫ もちろん : 물론

⑬ たまに : 가끔

⑭ 一度 : 한번

⑮ 営業 : 영업

⑯ 今度 : 다음, 이번

⑰ ぜひ : 꼭, 반드시

ダイアローグ

 Track 30

〈会社の休憩室で〉

山田　イーさん、マンガ喫茶に行ったことがありますか。

イー　マンガ喫茶ですか。知りません。どんなところなんですか。

山田　マンガ喫茶は、いろんなマンガが置いてある喫茶店のことです。

イー　何か食べたり、飲んだりしてもいいですか。

山田　いいですよ。日本では子供から大人までたくさんの人が

マンガを読むので、とても人気のある場所なんです。

イー　山田さんもマンガ喫茶に行ったら、マンガを読んだり、

ゲームをしたりしますか。

山田　もちろんです。たまには、食事もしたりします。

イー　へえ、一度行きたいな。どこにあるんですか。

山田　よく駅前にありますよ。夜遅くまで営業しているので、

今度一緒に行ってみましょう。

イー　はい、ぜひ一緒に行きたいです。

重要文法と表現

1. 動詞の「たり形」 ~하거나 ~하거나 한다(~하기도 하고 ~하기도 한다)

여러 동작 중에서 예를 들어 몇 개의 사항을 열거하거나 하나의 예를 대표로 들 때.

2. 動詞の「たら形」 (助動詞「た」의 仮定表現) ~(하)면

3. 動詞の「たり形」と「たら形」の活用

動詞の種類	語尾	辞書形	語幹	たり形	たら形	韓国語
1グループ	う／つ／る「っ音便」	買う	買	ったり	ったら	사거나, 사면
		立つ	立			서거나, 서면
		頑張る	頑張			힘내거나, 힘내면
	ぬ／ぶ／む「ん音便」	死ぬ	死	んだり	んだら	죽거나, 죽으면
		遊ぶ	遊			놀거나, 놀면
		休む	休			쉬거나, 쉬면
	く／ぐ「い音便」	書く	書	いたり	いたら	쓰거나, 쓰면
		急ぐ	急	いだり	いだら	서두르거나, 서두르면
	す	話す	話	したり	したら	이야기하거나, 이야기하면
	＊ 例外	行く	行	ったり	ったら	가거나, 가면
2グループ	る	食べる	食べ	たり	たら	먹거나, 먹으면
		見る	見			보거나, 보면
		起きる	起き			일어나거나, 일어나면
3グループ	辞書形					
		する		したり	したら	하거나, 하면
		来る		きたり	きたら	오거나, 오면

- 大阪で買い物をしたり、お好み焼きを食べたりします。(열거)
- 大阪へ行くと買い物をしたりします。(대표적인 예)
- 日本に着いたら、連絡してください。

74

4. 名詞／い形容詞／な形容詞 ＋「たり」

「〜たり」は 명사와 형용사에 붙여서도 사용되는데, 동사와 마찬가지로 여러 예 중 몇 개의 사항을 열거할 경우에 쓰인다.

1) 名詞 ： パンだったり、お菓子だったりします。

2) い形容詞 ： おもしろかったり、難しかったりします。

3) な形容詞 ： 親切だったり、真面目だったりします。

5. 名詞／い形容詞／な形容詞 ＋「たら」

1) 名詞 ： あなたの頼みだったら、きいてあげます。

2) い形容詞 ： 食べてみておいしかったら買ってください。

3) な形容詞 ： もっと交通が便利だったら、いいのに。

チップ

動詞の「〜て形」、「〜た形」、「〜たり形」、「〜たら形」

グループ	辞書形	韓国語	「て形」	「た形」	「たり形」	「たら形」	
1グループ	書く	쓰다	かいて	かいた	かいたり	かいたら	イ音便
	泳ぐ	헤엄치다	およいで	およいだ	およいだり	およいだら	
	行く	가다	いって	いった	いったり	いったら	促音便
	習う	배우다	ならって	ならった	ならったり	ならったら	
	待つ	기다리다	まって	まった	まったり	まったら	
	撮る	찍다(사진)	とって	とった	とったり	とったら	
	死ぬ	죽다	しんで	しんだ	しんだり	しんだら	撥音便
	読む	읽다	よんで	よんだ	よんだり	よんだら	
	呼ぶ	부르다	よんで	よんだ	よんだり	よんだら	
	話す	이야기하다	はなして	はなした	はなしたり	はなしたら	音便無し
2グループ	見る	보다	みて	みた	みたり	みたら	
	食べる	먹다	たべて	たべた	たべたり	たべたら	
3グループ	来る	오다	きて	きた	きたり	きたら	
	する	하다	して	した	したり	したら	

文型練習
ぶんけい れんしゅう

1 例のように練習をしてみましょう。 Track 31
れい　　　　　　　れんしゅう

例
ショッピングする／映画を見る
えいが　　　み

→ 友だちとショッピングしたり、
とも

映画をみたりします。
えいが

① 週末は洗濯する／掃除する
しゅうまつ　せんたく　　　そうじ

→ 週末は洗濯＿＿＿＿＿＿＿、掃除＿＿＿＿＿＿＿します。
しゅうまつ　せんたく　　　　　　　　　　　　そうじ

② 一日中雨が降る／止む
いちにちじゅうあめ　ふ　　や

→ 一日中雨が＿＿＿＿＿＿＿＿、＿＿＿＿＿＿＿＿します。
いちにちじゅうあめ

③ 昼休みにコーヒーを飲む／おしゃべりする
ひるやす　　　　　　　　　の

→ 昼休みにコーヒーを＿＿＿＿＿＿、おしゃべり＿＿＿＿＿＿します。
ひるやす

④ 子供はうるさい／静かだ
こども　　　　　　　しず

→ 子供は＿＿＿＿＿＿＿＿＿、＿＿＿＿＿＿＿＿＿します。
こども

⑤ 夕飯のおかずは肉／魚
ゆうはん　　　　　にく　さかな

→ 夕飯のおかずは肉＿＿＿＿＿＿、魚＿＿＿＿＿＿します。
ゆうはん　　　　　にく　　　　　　　さかな

⑥ 電気がつく／消える
でんき　　　　　き

→ 電気が＿＿＿＿＿＿＿＿、＿＿＿＿＿＿＿＿します。
でんき

2 例のように練習をしてみましょう。 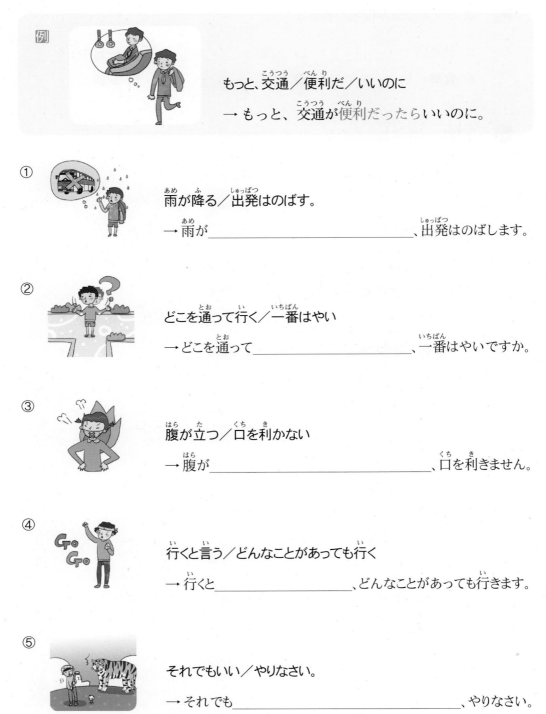 Track 32

例

もっと、交通／便利だ／いいのに

→ もっと、交通が便利だったらいいのに。

① 雨が降る／出発はのばす。

→ 雨が＿＿＿＿＿＿＿＿＿＿＿＿＿＿＿、出発はのばします。

② どこを通って行く／一番はやい

→ どこを通って＿＿＿＿＿＿＿＿＿＿＿、一番はやいですか。

③ 腹が立つ／口を利かない

→ 腹が＿＿＿＿＿＿＿＿＿＿＿＿＿＿＿＿、口を利きません。

④ 行くと言う／どんなことがあっても行く

→ 行くと＿＿＿＿＿＿＿＿＿＿＿、どんなことがあっても行きます。

⑤ それでもいい／やりなさい。

→ それでも＿＿＿＿＿＿＿＿＿＿＿＿＿＿＿、やりなさい。

練習問題

1 次の漢字の読み仮名を書きなさい。

1) 喫茶店：_____　　2) 人気　：_____　　3) 一日中：_____

4) 食事　：_____　　5) 営業　：_____　　6) 駅前　：_____

2 下線に一番適当なものを一つ選びなさい。

1) 店と店を_____、来たりする。

　　① いったり　　　② いたり　　　③ いくたり　　　④ いっだり

2) 風でドアが_____、閉まったりする。

　　① あいだり　　　② あいたり　　　③ あいったり　　　④ あいっだり

3) 今日の先生の気分は_____、悪かったりする。

　　① よかっだり　　② よかたり　　　③ よかったり　　　④ よかだり

4) 今から友だちに会いに_____どうですか。

　　① いっだら　　　② いたら　　　③ いだら　　　④ いったら

5) _____お茶でも飲みませんか。

　　① いかったら　　② よかったら　　③ いかっだら　　④ よかっだら

3 次の韓国語を日本語に直しなさい。

1) 뭘 먹거나 마시거나 해도 괜찮습니까?

　_____。

2) 야마다씨도 만화찻집에 가면 만화를 읽거나 게임을 하거나 합니까?

　_____。

3) 물론입니다. 가끔은 식사를 하기도 합니다.

　_____。

公園で

質問)〇〇〇さんは何をしていますか。

① 音楽を聞く／運動をする

② 笛を吹く／歌を歌う

③ お弁当を食べる／話をする

④ 歩く／走る

⑤ ゲームをやる／携帯で話す

⑥ 本を読む／ベンチで寝る

山田(男)　イーさん、マンガ喫茶に　　　　　　　　　　　　　がありますか。

イー(女)　マンガ喫茶ですか。　　　　　　　　　。どんなところなんですか。

山田(男)　マンガ喫茶は、いろんなマンガが　　　　　　　喫茶店のことです。

イー(女)　何か　　　　　　　　　、　　　　　　　　　してもいいですか。

山田(男)　いいですよ。日本では子供から大人までたくさんの人がマンガを読む

ので、とても　　　　　　　　　　　　なんです。

イー(女)　山田さんもマンガ喫茶に　　　　　　　　　、

マンガを　　　　　　　　　、　　　　　　　　　しますか。

山田(男)　もちろんです。たまには、　　　　　　　　　します。

イー(女)　へえ、一度行きたいな。どこにあるんですか。

山田(男)　よく駅前にありますよ。　　　　　　　　営業しているので、

今度一緒に　　　　　　みましょう。

イー(女)　はい、ぜひ一緒に　　　　　　　　　です。

<ruby>単語帳<rt>たんごちょう</rt></ruby>

お<ruby>好<rt>この</rt></ruby>み<ruby>焼<rt>や</rt></ruby>き 오코노미야키 | お<ruby>菓子<rt>かし</rt></ruby> 과자 | <ruby>頼<rt>たの</rt></ruby>み 부탁 | <ruby>交通<rt>こうつう</rt></ruby> 교통 | <ruby>便利<rt>べんり</rt></ruby> 편리 | <ruby>洗濯<rt>せんたく</rt></ruby> 세탁, 빨래 | <ruby>掃除<rt>そうじ</rt></ruby> 청소 | <ruby>一日中<rt>いちにちじゅう</rt></ruby> 하루종일 | <ruby>止<rt>や</rt></ruby>む 그치다 (비가) | <ruby>昼休<rt>ひるやす</rt></ruby>み 점심 시간 | おしゃべり 잡담 | <ruby>夕飯<rt>ゆうはん</rt></ruby> 저녁밥 | おかず 반찬 | <ruby>電気<rt>でんき</rt></ruby>がつく 전기가 켜지다 | <ruby>消<rt>き</rt></ruby>える 꺼지다 | <ruby>相談<rt>そうだん</rt></ruby> 상담 | <ruby>店<rt>みせ</rt></ruby> 가게 | <ruby>閉<rt>し</rt></ruby>まる 닫히다 | <ruby>気分<rt>きぶん</rt></ruby> 기분

08

だい はっ か
第8課

てん き　　　　　　　　　つ　い
天気がよければ、釣りに行きます。

じゅうよう
重要ポイント

1. 動詞／い形容詞／な形容詞／名詞の仮定形 ＋ ば
2. 動詞の辞書形 ＋ と
3. 〜ば 〜ほど

<ruby>天気<rt>てんき</rt></ruby>
날씨

<ruby>釣<rt>つ</rt></ruby>り
낚시

<ruby>季節<rt>きせつ</rt></ruby>
계절

<ruby>上達<rt>じょうたつ</rt></ruby>
숙달, 잘하게 됨

<ruby>立派<rt>りっぱ</rt></ruby>だ
훌륭하다

<ruby>最高<rt>さいこう</rt></ruby>
최고

ご<ruby>謙遜<rt>けんそん</rt></ruby>
겸손, 겸양

⑧ よければ : 좋으면

⑨ いつも : 항상

⑩ まあ : 그냥

⑪ <ruby>言<rt>い</rt></ruby>うより : 말하기보다

⑫ 〜だけ : 〜만

⑬ けど : 〜(이지)만

⑭ コツ : 요령

⑮ <ruby>行<rt>い</rt></ruby>けば : 가면

⑯ <ruby>行<rt>い</rt></ruby>くほど : 갈수록

⑰ それほどでもないです : 그 정도는 아닙니다

⑱ え : 예, 네

ダイアローグ

Track 34

〈釣り道具屋の前で〉

パク　田中さん、あしたは何をしますか。

田中　あしたは 天気がよければ、釣りに行きます。

パク　田中さんは、この季節になると、いつも釣りに行きますね。

田中　ええ、この季節は釣りには最高ですね。

パク　田中さんは釣りが上手なんですか。

田中　え、まあ、上手と言うより、好きなだけですけど。

パク　また、そんなご謙遜を!!　何かコツがありますか。

田中　コツと言うより、釣りに行けば行くほど上達しますね。

パク　田中さん、何か立派ですね。

田中　それほどでもないですよ。

83

1. ～ば(仮定条件) ～(하)면

「AばB」는 '만약 A하면 B이다'를 나타내는 가정조건문이다. 접속방법은 다음과 같다.

1) 動詞

① 1グループ「u동사(5段動詞)」: 語尾「う段」을 「え段」으로 바꾼 다음＋ば

語幹	語尾	＋	韓国語
行	か		
	き		
	←	ば	가면
	け		
	こ		
走	ら		
	り		
	る	ば	달리면
	れ		
	ろ		

- 走れば、電車に間に合います。
- 先生に聞けばいいんです。
- この薬を飲めば大丈夫です。

② 2グループ「ru동사(1段動詞)」: 語尾「る」를 지우고 ＋ れば

語幹	語尾	＋	韓国語
食べ	る	れば	먹으면
見	る	れば	보면

- 朝ご飯をしっかり食べれば元気になりますよ。
- 一日中、テレビばかり見ていれば、目が悪くなります。

③ 3グループ「불규칙 동사」

辞書形	ば	韓国語
する	すれば	하면
来る	くれば	오면

- 冬が来れば寒くなります。
- 嵐が韓国に来れば私はコンサートに必ず行きます。

2) い形容詞

語尾「い」를 지우고＋ければ

語幹	語尾	＋	韓国語
寒	~~い~~	ければ	추우면

3) な形容詞

語尾「だ」를 지우고 ＋ ならば

語幹	語尾	＋	韓国語
静か	~~だ~~	ならば	조용하면

4) ～なければ(否定仮定形)

動詞／い形容詞／な形容詞／名詞의「ない形」에서「い」를 지우고 ＋「ければ」

品詞	ない形	＋	韓国語
1グループ動詞	行かない		가지 않으면
2グループ動詞	食べない		먹지 않으면
3グループ動詞	しない		하지 않으면
	来ない	ければ	오지 않으면
い形容詞	寒くない		춥지 않으면
な形容詞	静かではない		조용하지 않으면
名詞	冬ではない		겨울이 아니라면

2. 動詞の辞書形 + 〜と 〜하면

AとB：因果関係(A의 조건이 충족되면 B의 결과가 나타날 것이라고 말하고 싶을 때 사용)

- 田中さんが国へ帰るとさびしくなります。
- 夜になると町が静かになります。

3. 動詞の仮定形「〜ば」+ 動詞の辞書形 + ほど 〜하면 〜할수록

같은 말을 반복하여 사용해서 하나의 상황이 진행됨에 따라 다른 상황도 진행되는 것을 나타낸다.

- 日本語は勉強すればするほど難しくなりますね。
- 最近、食べれば食べるほど食べたくなる。

チップ

い形容詞／な形容詞／名詞 + と：〜(으)면, 〜(하)면, 〜(라)면

① い形容詞 + と

- 暑いと汗が出ます。더우면 땀이 납니다.

② な形容詞「だ」+ と

- 使い方が簡単だと誰でも使える。사용법이 간단하면 누구라도 사용할 수 있다.

③ 名詞「だ」+ と

- 雨だと困ります。비가 오면 곤란합니다.

文型練習

1 例のように練習をしてみましょう。 Track 35

例

タクシーに乗る／約束の時間に間に合う

→ タクシーに 乗れば 約束の時間に間に合います。

① パクさんが行く／私も行く

→ パクさんが_____。

② 夏が来る／思い出す

→ 夏が_____。

③ 9時の電車に乗らない／結婚式に間に合わない

→ 9時の電車に_____。

2 例のように練習をしてみましょう。 Track 36

例

外食をする／お金がかかる

→ 外食をするとお金がかかります。

① 春になる／桜が咲く

→ _____。

② お酒を飲む／顔が赤くなる

→ _____。

③ 日帰り／疲れる

→ _____。

3 例のように練習をしてみましょう。 Track 37

見る／この絵が好きになる
→ 見れば見るほど この絵が 好きになります。

①

練習をする／ピアノが上手になる

→ 練習を＿＿＿＿＿＿＿＿＿、ピアノが＿＿＿＿＿＿＿＿＿。

②

失敗する／いやになる

→ ＿＿＿＿＿＿＿＿＿、＿＿＿＿＿＿＿＿＿。

③

作文を書く／うまくなる

→ 作文を＿＿＿＿＿＿＿＿＿、＿＿＿＿＿＿＿＿＿。

④

牛乳を飲む／背が伸びる

→ 牛乳を＿＿＿＿＿＿＿＿＿、背が＿＿＿＿＿＿＿＿＿。

1 次の漢字の読み仮名を書きなさい。

1) 釣り ：_____ 　2) 季節 ：_____ 　3) 上達 ：_____

4) 間に合う：_____ 　5) 中止 ：_____ 　6) 失敗 ：_____

2 下線に一番適当なものを一つ選びなさい。

1) あしたは天気が_____、釣りにいきます。

　① いければ 　　② よければ 　　③ よげれば 　　④ いげれば

2) この季節に_____、いつも釣りに行きますね。

　① すると 　　② なりと 　　③ なると 　　④ なれと

3) 釣りに_____上達しますね。

　① いけばいくほど 　　　　② いけばいきほど

　③ いけるといくほど 　　　④ いけばいくほと

4) _____と疲れます。

　① ひがえりだ 　② ひかえりだ 　③ ひがえりた 　④ ひかえりた

5) 天気が_____山に行きます。

　① わるくなげれば 　　　　② わるいければ

　③ わるくないければ 　　　④ わるくなければ

3 次の韓国語を日本語に直しなさい。

1) 내일은 날씨가 좋으면 낚시하러 갑니다.

_____。

2) 이 계절이 되면 항상 낚시하러 가요.

_____。

3) 요령이라고 하기보다는 낚시를 하러 가면 갈수록 숙달이 되네요.

_____。

応用会話 おうようかい わ

★ 처음에는 교과서를 보고 하고 두 번째는 교과서를 덮고 연습해 봅시다.

1. 宝(たから)くじにあたれば、何(なに)がほしいですか。
2. 冬(ふゆ)になると、何(なに)を思(おも)い出(だ)しますか。
3. 日本語(にほんご)の勉強(べんきょう)はすればするほど、どうなりますか。
4. 食(た)べ物(もの)の中(なか)で、食(た)べれば食(た)べるほど、食(た)べたくなるものは何(なん)ですか。
5. お酒(さけ)は飲(の)めば飲(の)むほど、どうなりますか。

■ 応用単語と表現 おうようたん ご ひょうげん

宝(たから)くじにあたる 복권에 당첨되다 | ほしい 갖고 싶다, 원하다 | 思(おも)い出(だ)す 생각나다 |
食(た)べたくなる 먹고 싶어지다.

聞(き)き取(と)り・書(か)き取(と)り練習(れんしゅう)

★ 잘 듣고 다음의 공란을 일본어로 채워 봅시다. Track 38

パク(女)	田中さん、あしたは何をしますか。
田中(男)	あしたは天気が　　　　　　　、　　　　　　行きます。
パク(女)	田中さんは、この　　　　　　と、いつも釣りに行きますね。
田中(男)	ええ、この季節は釣りには最高ですね。
パク(女)	田中さんは釣りが　　　　　　　ですか。
田中(男)	え、まあ、上手と　　　　　　、　　　　　　　　ですけど。
パク(女)	また、そんなご謙遜を!! 何か　　　　　がありますか。
田中(男)	コツと言うより、釣りに　　　　　　　　　上達しますね。
パク(女)	田中さん、何か　　　　　ですね。
田中(男)	ないですよ。

単語帳 たん ごちょう

走(はし)る 달리다 | 間(ま)に合(あ)う 시간에 늦지 않게 대다 | 冬(ふゆ) 겨울 | 寂(さび)しい 외롭다 | 町(まち) 마을 | 汗(あせ) 땀 | 使(つか)い方(かた) 사용법 | 簡単(かんたん)だ 간단하다 | 使(つか)える 사용할 수 있다 | 思(おも)い出(だ)す 생각나다, 생각해 내다 | 結婚式(けっこんしき) 결혼식 | キャンプ 캠프 | 中止(ちゅうし) 중지 | 外食(がいしょく) 외식 | 日帰(ひがえ)り 당일치기 | 疲(つか)れる 피곤하다 | 眠(ねむ)い 졸리다 | 曲(ま)がる 돌다 | 練習(れんしゅう) 연습 | 失敗(しっぱい) 실패 | いやだ 싫다 | 作文(さくぶん) 작문 | 牛乳(ぎゅうにゅう) 우유 | 背(せ) 키, 신장 | 伸(の)びる 자라다, 늘다 성장하다

日本文化(にほんぶんか)

낫토(納豆)와 우메보시(梅干し)

낫토(納豆)는 콩을 낫토균으로 발효시킨 일본 고유 식품이다. 현재는 단순히 '낫토'라고 하면 糸引き納豆(いとひき)를 가리키는 것이 일반적이다. 전국적으로 널리 대중화되어 있지만 과거 칸사이(関西)・시코쿠(四国) 지방에서는 그다지 소비되지 않았다. 제조법이나 균의 개량 등으로 냄새를 줄이거나 내포된 성분 가운데 '낫토키나제(ナットウキナーゼ)'의 건강증진 효과가 TV 등 매스컴에서 알려진 이후 1990년대 후반에는 일본 전국 대부분 지역으로 퍼졌다. 納豆時(なっとうどき)に医者要(いしゃ)らず(낫토철에는 의사가 필요없다)란 격언처럼 원래 낫토를 먹는 시기는 겨울이 적기라고 한다.

낫토는 혈액응고인자를 만드는 데에 반드시 필요한 비타민K와 콩에서 나오는 단백질이 풍부해서 요즘도 단백질원으로 인정받고 있으며, 일본 총무성 통계국(総務省統計局)의 전국물가통계 조사의 조사품목에도 올라 있다. 식물성 섬유는 100그램 중에 4.9~7.6그램으로 풍부하게 함유되어 있다. 어 식물성 섬유는 올리고당과 함께 프리바이오틱(prebiotic)이라고 불리는데, 장내 환경에 유용한 성분이다. 낫토균은 프로바이오틱스(probiotics)라고 불리며 이것도 장내 환경에 유용한 것으로 알려져 있다. 낫토에는 혈전을 녹이는 효소가 포함되어 있으며 낫토를 섭취함으로써 혈전을 녹이는 분해성분인 FDP가 혈중에서 증가하는 것이 확인되었다. 나아가 O157 항균작용도 있는 것으로 알려져 있다.

우메보시(梅干し)란 매실 열매를 소금으로 절인 후에 말린 장아찌의 일종이다. 日の丸弁当(ひまるべんとう)(일장기 도시락)와 おにぎり(주먹밥) 등에 쓰이는 일본인에게 친근한 식재료이다. 또한 소금에 절이기만 하고 말리지 않는 것은 梅漬(うめづ)け(매실절임)라고 한다.

전통적인 제조법에 의한 우메보시의 土用干(どようぼ)し梅酒(うめしゅ)매실주는 덜 익은 푸른 매실을 사용하는 데에 비해서, 우메보시는 6월경의 잘 익은 열매를 사용하여 소금에 절인 후 3일 정도 햇볕에 말린다(이것을 土用干し라고 한다). 이 상태를 '시로보시(白干し)'라

고 부르는데, 보존성은 뛰어나지만 염분이 많아(염분 20% 정도) 매우 짜다. 최근 시판되는 일반적인 우메보시에는 시로보시를 물에 담가 염분을 줄이고 맛을 가미한 조미 우메보시가 많다. 맛을 낸 우메보시에는 시소(파란 시소) 잎과 함께 절인 뒤 빨갛게 물들여서 맛을 들인 시소우메, 다시마와 함께 담가서 다시마 맛을 낸 다시마우메, 가츠오부시를 첨가해서 조미한 가츠오우메, 꿀을 넣어 달게 한 꿀우메 등이 있다. 이와 같은 우메보시는 「調味梅干(조미우메보시)」라고 표기된다. 이밖에도 저염도 우메보시와 조미우메보시는 보존성이 크게 떨어져 방부효과가 그다지 높지 않다. 이 때문에 보존재료를 사용하는 경우가 늘고 있다.

　모든 우메보시에 공통된 큰 특징으로는 신맛이 매우 강하다는 것이다. 이 신맛은 레몬 등의 감귤류에 많이 들어 있는 구연산에서 유래되었다. 그래서 우메보시는 건강식품으로도 유명하다. 특히 와카야마현(和歌山県) 기슈(紀州)의 우메보시는 유명하다. 미나베쵸(みなべ町)와 다베시(田辺市)는 제일 큰 생산지로, 南高梅라고 불리는 품종의 매실을 사용한 우메보시는 최고급품으로 취급받아 와카야마현(和歌山県)의 추천우량토산품으로도 지정되었다.

09

<ruby>第 9 課<rt>だいきゅう か</rt></ruby>

このマークはタバコを<ruby>吸<rt>す</rt></ruby>うなという<ruby>意味<rt>い み</rt></ruby>です。

<ruby>重要<rt>じゅう よう</rt></ruby>ポイント

1. <ruby>動詞<rt>どう し</rt></ruby>の<ruby>命令形<rt>めいれいけい</rt></ruby>
2. 〜という ＋ <ruby>名詞<rt>めい し</rt></ruby>
3. 〜という<ruby>意味<rt>い み</rt></ruby>
4. 〜のために

①

考_{かんが}える
생각하다

②

工場_{こうじょう}
공장

③

安全帽_{あんぜんぼう}
안전모

④

指示_{しじ}
지시

⑤

工夫_{くふう}
궁리, 고안

⑥ **社内_{しゃない}** : 사내		⑦ **安全_{あんぜん}** : 안전	
⑧ **〜について** : 〜에 대해서		⑨ **マーク** : 마크	
⑩ **〜という意味_{いみ}だ** : 〜라는 의미이다		⑪ **非常時_{ひじょうじ}** : 비상시	
⑫ **まず** : 먼저		⑬ **正確_{せいかく}** : 정확	
⑭ **〜なさい** : 〜(하)세요		⑮ **〜ということ** : 〜라고 하는 것	
⑯ **〜のために** : 〜를(을) 위해서		⑰ **いろいろ** : 여러 가지	
⑱ **あってこそ** : 있고 나서 (비로소)		⑲ **安心_{あんしん}** : 안심	
⑳ **〜ましょう** : 〜ㅂ시다(권유)			

ダイアローグ  Track 39

〈会社の会議室で〉

林 今日は社内の安全について考えましょう。

チェ すみません。このマークは何ですか。

林 このマークはタバコを吸うなという意味です。

チェ あのマークは何ですか。

林 工場では安全帽をかぶれという意味です。

チェ あれは何ですか。

林 非常時には、まず正確な指示を聞きなさいということです。

チェ 安全のために、いろいろな工夫がしてありますね。

林 まず、安全があってこそ、仕事が安心してできますね。

チェ よくわかりました。

95

1. 動詞の命令形

1) 1グループ「u동사(5段動詞)」

語尾「う段」을「え段」단으로 바꾼다

語幹	語尾	韓国語
行	か	가, 가라
	き	
	←	
	け	
	こ	

- 早く行け。

- 止まれ‼

2) 2グループ「ru동사」(1段動詞)

語尾「る」를 지우고 + ろ

語幹	語尾	+	韓国語
食べ	~~る~~	ろ	먹어, 먹어라

- ちゃんと食べろ。

- あっちを見ろ。

3) 3グループ「불규칙 동사」

辞書形	ば	韓国語
~~する~~	しろ／せよ	해, 해라
~~来る~~	こい	와, 와라

- 早くしろ。

- こっちへ来い。

2. 動詞の「ます形」＋ ～なさい ～해라, ～해요

명령과 지시를 나타내며, 보통 타이르는 입장에 있는 사람이나 친한 관계의 사람들 사이에서 사용한다.

1) 1グループ

語尾「う段」을「い段」으로 바꾸고 ＋ なさい

語幹	語尾	＋	韓国語
行	か	なさい	가세요 가라
	き		
	←		
	け		
	こ		

- 人の言うことを聞きなさい。
- 約束をちゃんと守りなさい。

2) 2グループ

語尾「る」를 지우고 ＋ なさい

語幹	語尾	＋	韓国語
見	-る	なさい	보세요, 봐라

- ゆっくり食べなさい。
- 早く起きなさい。

3) 3グループ

辞書形	なさい	韓国語
する	しなさい	하세요, 해라
来る	きなさい	오세요, 와라

- 遊んでばかりいないで、勉強をしなさい。
- 明日までには必ず来なさい。

3. 動詞 종지형 ＋ な : ～(하지) 마

동사의 종지형에 붙어 「禁止」의 의미를 나타낸다.

- 明日からは遅刻するな。
- 二度と来るな。

4. ～という ＋ 名詞 ～라는 ～다 ／ ～という ＋ 意味 ～라는 의미다

말하는 이나 듣는 이, 또는 양쪽 모두 그 이름을 잘 모른다는 의미를 내포하고 있다.

- これは さくらんぼという果物です。
- 富永さんという人から電話があった。
- このマークは泳ぐなという意味です。

5. ～ために～를 위해(서)

명사나 동사에 붙어 목적의 의미를 나타낸다.

1) 名詞 ＋ の ＋ ために

- 健康のために毎朝公園を散歩します。
- 愛のためには死んでもいいです。

2) 動詞の辞書形 ＋ ために

- 日本語の専門家になるために日本語の勉強をする。
- 家を買うために朝から晩まで働く。

チップ

～ために : ～때문에, ～(해)서, 위해서

「原因」「利益」을 나타내는 경우도 있다.

- 過労のために風邪をひいた。 과로해서 감기에 걸렸다.
- 昨日飲みすぎたためにおなかを壊した。 어제 너무 마셔서 배탈이 났다
- 彼は家族のために頑張っている。 그는 가족을 위해서 힘내고 있다.

文型練習

1　例のように練習をしてみましょう。 🔊 Track 40

例

本を読む

→ 本を読め。 ／本を読みなさい。 ／本を読むな。

① 窓を閉める

→ 窓を＿＿＿＿＿＿。／窓を＿＿＿＿＿＿。／窓を＿＿＿＿＿＿。

② 辞書を買う

→ 辞書を＿＿＿＿＿＿。／辞書を＿＿＿＿＿＿。／辞書を＿＿＿＿＿＿。

③ お菓子を食べる

→ お菓子を＿＿＿＿＿。／お菓子を＿＿＿＿＿。／お菓子を＿＿＿＿＿。

④ 会社を辞める

→ 会社を＿＿＿＿＿＿。／会社を＿＿＿＿＿＿。／会社を＿＿＿＿＿＿。

⑤ 勉強する

→ 勉強＿＿＿＿＿＿。／勉強＿＿＿＿＿＿。／勉強＿＿＿＿＿＿。

2 例のように練習をしてみましょう。　Track 41

例1　このマーク／タバコを吸う／意味

→ このマークはタバコを吸うなという意味です。

例2　健康／毎日、運動をする

→ 健康のために毎日、運動をしています。

① このマーク／携帯電話を使う／意味

→ このマーク＿＿＿＿＿＿＿＿＿＿＿＿＿＿＿意味＿＿＿＿。

② これは／ひまわり／花

→ これは＿＿＿＿＿＿＿＿＿＿＿＿花＿＿＿＿＿＿＿＿。

③ それは／お節料理／食べ物

→ それは＿＿＿＿＿＿＿＿＿＿＿＿＿食べ物＿＿＿＿＿＿＿。

④ 試験に合格する／一日中、一生懸命勉強する

→ 試験に合格する＿＿＿＿＿一日中、一生懸命勉強＿＿＿＿＿。

⑤ 留学する／アルバイトをする

→ 留学する＿＿＿＿＿＿＿＿＿＿アルバイトを＿＿＿＿＿＿＿。

練習問題

1　次の漢字の読み仮名を書きなさい。

1) 社内 ：_____　　2) 安全帽：_____　　3) 工場 ：_____

4) 非常時：_____　　5) 正確 ：_____　　6) 指示 ：_____

2　下線に一番適当なものを一つ選びなさい。

1) このマークはタバコを_____意味です。

　① すうなどいう　　　　　　　② すうなってという

　③ すいなという　　　　　　　④ すうなという

2) 工場では安全帽を_____という意味です。

　① かぶろ　　　② かぶれ　　　③ がぶろ　　　④ がぶれ

3) 非常時には、まず正確な指示を_____ということです。

　① ききなさい　② ぎきなさい　③ かきなさい　④ がきなさい

4) 安全_____、いろいろな工夫がしてありますね。

　① ために　　　② なために　　③ のために　　④ のだめに

5) まず、安全が_____、仕事が安心してできますね。

　① あてこそ　　② あってこそ　③ あってごそ　④ あてごそ

3　次の韓国語を日本語に直しなさい。

1) 오늘은 사내 안전에 대해서 생각해 봅시다.

_____。

2) 이 마크는 담배를 피우지 말라는 의미입니다.

_____。

3) 먼저, 안전이 있고 나서 일을 안심하고 할 수 있어요.

_____。

応用会話 ★ 처음에는 교과서를 보고 하고 두 번째는 교과서를 덮고 연습해 봅시다.

1. 自分の発展のために何をしていますか。

2. 家族のために何をしていますか。

3. 会社のために何をしていますか。

4. どんな「果物／スポーツ／野菜／お酒」を知っていますか。

   （いちごという果物、リンゴという果物など）

5. 日本のアニメ監督で宮崎駿さんという人を知っていますか。

6. 桜という花を知っていますか。いつ咲きますか。

7. スリランカという国を知っていますか。

■ **応用単語と表現**

～を知(し)っていますか。～을(를) 알고 있습니까? | はい、知(し)っています。예, 알고 있습니다。| いいえ、知(し)りません。아니오, 모릅니다。| 聞(き)いたことはある。들은 적은 있다。| 行(い)ったことはない。가 본 적은 없다

林(男)　今日は　　　　　　　　　　　　　　について考えましょう。

チェ(女)　すみません。この　　　　　　　　は何ですか。

林(男)　このマークはタバコを　　　　　　　　　　　　意味です。

チェ(女)　あのマークは何ですか。

林(男)　工場では安全帽を　　　　　　　　　　　意味です。

チェ(女)　あれは何ですか。

林(男)　非常時には、まず正確な指示を　　　　　　　ことです。

チェ(女)　安全　　　　　　　、いろいろな　　　　　　がしてありますね。

林(男)　まず、安全が　　　　　　、仕事が　　　　　できますね。

チェ(女)　よくわかりました。

単語帳

守(まも)る 지키다 | 必(かなら)ず 반드시, 필히 | 二度(にど) 두 번 | さくらんぼ 버찌 | 専門家(せんもんか) 전문가 | 過労(かろう) 과로 | 壊(こわ)す 탈나다, 부수다, 허물다, 깨뜨리다, 파괴하다 | ひまわり 해바라기 | お節料理(せちりょうり) 명절 때 먹는 조림요리 | 合格(ごうかく) 합격

日本文化 (にほんぶんか)

일본의 기업 (企業)

일본의 기업은 약 3백만 개에 이르며 이 가운데 99%가 중소기업이라고 하는데 오늘날 일본경제를 비약적인 수준으로 발전시킨 원동력이다. 제2차 세계대전 이후 전개되어 온 전후 세계경제에서 막강한 기술력과 이를 토대로 이루어진 경쟁력을 바탕으로 명실상부한 세계경제대국으로 자리매김할 수 있었던 것도 일본 기업의 힘에서 비롯된 것이라고 할 수 있다. 일본 기업의 경쟁력은 세계적인 기술력을 보유한 중소기업들과 막강한 마케팅 능력을 소유한 대기업의 공존공생관계에서 찾을 수가 있다.

여기에 '종신고용제' '연공서열제' '기업 내 조직' 등 세 가지 특징은 일본만의 독특한 기업경영 시스템으로 평가되어 한때는 세계 각국의 연구대상이 되기도 했다. 이밖에도 지방에 있는 중소기업들의 뛰어난 기술력과 경쟁력이 세계적인 수준이라는 점도 일본 기업의 또 다른 특징 가운데 하나라고 할 수 있을 것이다. 일본의 기업문화에서는 회사라는 존재가 단순히 경제적 기능만 담당하는 것이 아니라 사회적 정치적 문화적 욕구의 모든 것을 충족시키는 생활공동체로서의 역할도 떠맡고 있다는 특징을 가지고 있다. 이는 일본 중세시대인 에도시대로부터 내려온 '경영가족주의'에 영향을 받은 바가 크다는 지적이다. 최근 들어서는 이러한 일본식 기업문화가 글로벌시대에 적합하지 못하다는 일부의 비판과 반성이 있기는 하지만 여전히 대다수 기업들이 독특한 이 시스템을 유지하고 있다고도 한다.

대표적인 일본 기업으로는 마쓰시타와 소니 전기산업, 도요타 자동차 같은 최고 수준의 기술력을 가진 제조업체가 있으며 미쓰비시상사, 미쓰이물산, 스미토모상사 등 세계 굴지의 종합상사들은 전 세계에 거미줄 같은 마케팅 망을 구축하고 뛰어난 정보력을 바탕으로 21세기 글로벌시대의 세계무역을 이끌고 있다. 여기에 미쓰비시UFJ, 미즈호, 미쓰이스미토모 은행 등의 금융회사들은 막강한 자본력을 바탕으로 21세기 새로운 국제금융분야의 한 축을 차지하고 있다. 이들 기업들은 세계적인 기업 반열에 올라 일본경제를 이끌어나가는 견인차 역할을 충실하게 수행하고 있다. 이밖에도 도요타에 이어 세계판매대수가 가장 많은 혼다, 닛산 자동차와 메이지, 롯데 등의 과자, 세븐일레븐, 로손, 패밀리마트 등의 편의점, 기린, 아사히, 산토리 맥주 회사들이 각 업계의 최고로 꼽힌다.

10

だい じゅっ か
第10課

なっとう た
納豆が食べられるようになりました。

じゅうよう
重要ポイント

1. 可能動詞
   かのうどうし
2. 動詞の辞書形 + ことができる
   どうし *じしょけい*
3. 〜ようになる
4. 〜ようにする

①

持ち寄り
(음식 등을) 각자
가지고 오는 모임

② 得意だ
잘하다, 자신 있다

③ 立派だ
훌륭하다

④

ヘルシー
건강함

⑤

ダイエット
다이어트

⑥ **人数分** : 사람 수 만큼의 분량

⑦ **楽しむ** : 즐기다

⑧ **わあ** : 어머, 와

⑨ **できるだけ** : 가능한 한

⑩ **何でも** : 무엇이든지

⑪ **～ように** : ～하도록

⑫ **食品** : 식품

⑬ **～にも** : ～에도

⑭ **よし** : 좋아, 자

⑮ **いただく** : 먹다(食べる의 겸양어)

ダイアローグ

 Track 43

〈持ち寄りパーティーをしながら〉

 最近、こんな持ち寄りパーティーが盛んですね。

 得意な料理を持ち寄れば、人数分の料理が楽しめます。

 わあ、いろいろな料理がありますね。

 イーさん、日本の料理はどうですか。何でも食べることが

できますか。

 できるだけ、何でも食べるようにしています。

 立派ですね。

 最近、納豆が食べられるようになりました。

 納豆はヘルシーな食品ですね。ダイエットにもいいです。

 よし、これからも頑張って納豆を食べます。

 私も。じゃ、いただきます。

＊이렇게도 표현해요!

盛んですね
→ はやっていますね

立派ですね
→ いいことですね

重要文法と表現

1. 可能動詞 ~할 수 있다, ~할 능력이 있다

1) 1グループ「u동사(5段動詞)」：語尾「う段」을「え段」으로 바꾸고 + る

語幹	語尾	+	韓国語
行	か		
	き		
	く	る	갈 수 있다
	け		
	こ		

語幹	語尾	+	韓国語
買	あ		
	い		
	う	る	살 수 있다
	え		
	お		

- 私も日本語が話せる。
- キムさんは上手にピアノが弾けますね。

2) 2グループ「ru동사(1段動詞)」：語尾「る」를 지우고 + られる

語幹	語尾	+	韓国語
食べ	る	られる	먹을 수 있다

- 月曜日は電気製品が捨てられるごみの日です。
- 私の妻は宗教の問題で豚肉は食べられません。

3) 3グループ「불규칙 동사」

辞書形	可能	韓国語
する	できる	할 수 있다
来る	こられる	올 수 있다

- 日本語ができる人、いませんか。
- チェさん、けがはもう、大丈夫ですか。明日、試験に来られますね。

2. 動詞の辞書形 + ことができる 〜할 수가 있다

「能力」이나 「可能性」의 유무를 나타낸다. 可能動詞에 비해 격식 차린 場所나 文章에 많이 쓰이는 傾向이 있다.

- 日本語で手紙を 書くことができますか。

- やっと50mまでは 泳ぐことができました。

3. 動詞可能形、辞書形、動詞ない形 + 〜ようになる 〜하게 되다
　　　　　　　　　　　　　　　　　　〜ようにする 〜하도록 하다

1) 〜ようになる

불가능한 状態에서 可能한 状態로, 혹은 이제까지 存在하지 않았던 状態가 現在는 存在하는 것을 나타낸다.

- 日本語科に入って日本語が分かるようになりました。
- 早く起きたら朝ご飯が食べられるようになります。

2) 〜ようにする

어떤 行為나 状況을 成立시키기 위해 努力하거나 유념한다는 意味이다.

- できるだけお肉は食べないようにしている。
- 彼女の嫌いなことは言わないようにした。

チップ

❶ 名詞 + 〜ができる : 〜를(을) 할 수 있다

　例　私は日本語ができます。 나는 일본어를 할 수 있습니다.

　　　スキーができます。 스키를 탈 수 있습니다.

❷ 「2グループ動詞」와 「3グループ動詞」의 可能動詞는 회화체에서 「られる」 대신 축약형 「れる」를 쓰는 경우가 많다. 이것을 「ら抜き言葉」라고 하는데 문장에서는 쓰이지 않는다. 단, 사용 시 주의할 필요가 있다.

　例　一人で、ご飯を食べ(ら)れますか。 혼자서 밥을 먹을 수 있습니까?

文型練習

1 例のように練習をしてみましょう。 Track 44

例

私は500m／泳ぐ

→ 私は500メートル泳げます。

→ 私は500メートル泳ぐことができます。

① 私は日本の新聞／読む

→ 私は_____。

→ 私は_____。

② 私は日本語／話す

→ 私は_____。

→ 私は_____。

③ 私はたばこ／やめる

→ 私は_____。

→ 私は_____。

④ 私は納豆／食べる

→ 私は_____。

→ 私は_____。

⑤ 私は明日、午前五時／来る

→ 私は_____。

→ 私は_____。

2 例のように練習をしてみましょう。 🎧 Track 45

例

やっと日本の新聞／読む／ようになる／ようにする

→ やっと日本の新聞が読めるようになりました。

① もう、パソコン／上手に使う／ようになる

→ もう、パソコン_____。

② 日本の習慣／わかる／ようになる

→ 日本の習慣_____。

③ もう、日本の歌／上手に歌う／ようになる

→ もう、日本の歌_____。

④ 危険なところ／行く／ようにする

→ 危険なところ_____している。

⑤ いつも注意する／事故が起こる／ようにする

→ いつも注意して_____している。

⑥ わからないことがある／質問する／ようにする

→ わからないことがあったら_____している。

111

1 次の漢字の読み仮名を書きなさい。

1) 持ち寄り：＿＿＿＿＿＿＿　　2) 得意　：＿＿＿＿＿＿＿

3) 人数分　：＿＿＿＿＿＿＿　　4) 食品　：＿＿＿＿＿＿＿

5) 注意　：＿＿＿＿＿＿＿　　6) 危険　：＿＿＿＿＿＿＿

2 下線に一番適当なものを一つ選びなさい。

1) 得意な料理を持ち寄れば、人数分の料理が＿＿＿＿ます。

① たのしむ　　② たのしめ　　③ だのしむ　　④ だのしめ

2) 何でも＿＿＿＿ができますか。

① だべこと　　② たべこと　　③ たべること　　④ たべるごと

3) 最近、納豆が＿＿＿＿になりました。

① たべられよう　　　　② たべられるよお

③ たべられよお　　　　④ たべられるよう

4) 納豆は＿＿＿＿食品ですね。

① ヘルシーの　　② ヘルシーな　　③ ヘルーシな　　④ ヘルーシの

5) 彼女の嫌いなことは＿＿＿＿ようにした。

① いあない　　② いわないの　　③ いわない　　④ いあないの

3 次の韓国語を日本語に直しなさい。

1) 잘하는 음식을 가져오면 인원 수 만큼의 요리를 즐길 수 있습니다.

＿＿＿＿＿＿＿＿＿＿＿＿＿＿＿＿＿＿＿＿＿＿＿＿＿。

2) 무엇이든 먹을 수가 있습니까?

＿＿＿＿＿＿＿＿＿＿＿＿＿＿＿＿＿＿＿＿＿＿＿＿＿。

3) 최근 낫토를 먹을 수 있게 되었습니다.

＿＿＿＿＿＿＿＿＿＿＿＿＿＿＿＿＿＿＿＿＿＿＿＿＿。

1. 〇〇〇さんは<ruby>納豆<rt>なっとう</rt></ruby>が<ruby>食<rt>た</rt></ruby>べられますか。

2. 〇〇〇さんは<ruby>英語<rt>えいご</rt></ruby>が<ruby>話<rt>はな</rt></ruby>せますか。<ruby>上手<rt>じょうず</rt></ruby>ですか。

3. たくさんの<ruby>人<rt>ひと</rt></ruby>の<ruby>前<rt>まえ</rt></ruby>でスピーチができますか。

4. <ruby>両親<rt>りょうしん</rt></ruby>が<ruby>反対<rt>はんたい</rt></ruby>しても<ruby>国際結婚<rt>こくさいけっこん</rt></ruby>ができますか。

5. <ruby>料理<rt>りょうり</rt></ruby>ができますか。<ruby>得意<rt>とくい</rt></ruby>な<ruby>料理<rt>りょうり</rt></ruby>は<ruby>何<rt>なん</rt></ruby>ですか。

6. 〇〇〇さんはどんなスポーツができますか。<ruby>上手<rt>じょうず</rt></ruby>ですか。

7. <ruby>自転車<rt>じてんしゃ</rt></ruby>に<ruby>乗<rt>の</rt></ruby>れますか。

8. <ruby>運転<rt>うんてん</rt></ruby>ができますか。

9. <ruby>日本<rt>にほん</rt></ruby>の<ruby>歌<rt>うた</rt></ruby>が<ruby>歌<rt>うた</rt></ruby>えますか。<ruby>上手<rt>じょうず</rt></ruby>ですか。

■ **応用単語** <ruby>応<rt>おう</rt></ruby><ruby>用<rt>よう</rt></ruby><ruby>単<rt>たん</rt></ruby><ruby>語<rt>ご</rt></ruby>

りゅうちょうだ 유창하다 | 音痴(おんち) 음치 | 文化(ぶんか)の違(ちが)い 문화 차이 | 国際結婚(こくさいけっこん) 국제결혼 | かなづち 수영을 못하는 사람(원뜻은 쇠망치) | 運転免許(うんてんめんきょ)がない 운전면허가 없다 | ペーパートライバー 면허만 있고 운전은 못하는 사람(장롱면허)

113

聞き取り・書き取り練習

き と か と れんしゅう

★ 잘 듣고 다음의 공란을 일본어로 채워 봅시다. Track 46

イー（男）　最近、 ＿＿＿＿＿＿＿＿＿＿＿＿＿＿＿＿ が盛んですね。

山田（女）　得意な料理を ＿＿＿＿＿＿、人数分の料理が ＿＿＿＿＿ ます。

イー（男）　わあ、いろいろな料理がありますね。

山田（女）　イーさん、日本の料理はどうですか。何でも ＿＿＿＿ ができますか。

イー（男）　できるだけ、何でも ＿＿＿＿＿＿＿ しています。

山田（女）　立派ですね。

イー（男）　最近、納豆が ＿＿＿＿＿＿＿＿＿＿ なりました。

山田（女）　納豆は ＿＿＿＿＿ 食品ですね。＿＿＿＿＿＿＿ にもいいです。

イー（男）　よし、これからも ＿＿＿＿＿＿ 納豆を食べます。

山田（女）　私も。じゃ、いただきます。

単語帳
たん ご ちょう

電気製品(でんきせいひん) 전자제품 | 妻(つま) 처, 아내 | 宗教(しゅうきょう) 종교 | 豚肉(ぶたにく) 돼지고기 | やっと 겨우, 간신히 | キロメートル(km) 킬로미터 | ハンドル 핸들 | タバコをやめる 담배를 끊다 | 習慣(しゅうかん) 습관 | 注意(ちゅうい) 주의 | 危険(きけん) 위험 | 事故(じこ)が起(お)こる 사고가 나다 | いつも 항상

11

第11課
<ruby>だいじゅういっ<rt></rt></ruby>

<ruby>明日<rt>あした</rt></ruby>は <ruby>晴<rt>は</rt></ruby>れるようですよ。

重要ポイント

1. ～ようだ／～みたいだ
2. ～らしい
3. ～かもしれない
4. ～はず／～ないはず

ダイアローグ単語

夕焼け
저녁 노을

晴れる
맑다

梅雨
장마

台風
태풍

ニュース
뉴스

⑥ ～ようだ : ～일 것 같다

⑦ あける : 그치다, 개다

⑧ ～みたい : ～일 것 같다

⑨ ～らしい : ～일 것 같다

⑩ ～かもしれない : ～일지도 모른다

⑪ ～はず : ～일 것이다, ～할 예정이다

⑫ ～はずがない : ～(일)리가 없다

⑬ 正確 : 정확

⑭ 先輩 : 선배

ダイアローグ

Track 47

〈コーヒーショップで〉

田中　パクさん、今日の夕焼け見ましたか。

パク　はい、きれいでしたね。明日は晴れるようですよ。

田中　そうですね。

パク　それに、もう梅雨はあけたみたいです。

田中　でも、2、3日後には台風が来るらしいですよ。

パク　この前のが大きかったから、今度の台風も大きいかもしれ

ませんね。

田中　そんなはずはありません。昨日のテレビのニュースでは小

さいと言っていましたから、大きくないはずです。

パク　そうですか。やっぱり田中さんはいつも正確で、先輩らし

いですね。

田中　それほどでもないです。

117

重要文法と表現

1. 推量表現

1) ～ようだ/～みたい/～らしい : ～인(일) 것 같다

    ～かもしれない : ～일지도 모른다

    ～はず/～ないはず : ～일 것이다 / ～가 아닐 것이다

① ～ようだ는 말하는 사람의 직감(오감)에 의한 주관적 판단일 경우에 주로 쓰인다.
회화체에서는 「みたいだ」를 쓰는 경우도 많다.

② ～らしい는 말하는 사람이 외부의 정보와 관찰 가능한 사항 등 객관적인 근거를 가지고 판단하는
표현.

③ ～かもしれない는 가능성은 낮지만 어떤 일이 옳다고 생각되는 경우에 쓰인다. 「もしかすると」
「ひょっとすると」 등의 부사구와 함께 사용한다.

④ ～はず, ～ないはず는 말하는 사람이 어떤 근거에 따라 당연히 그럴 것이라고 생각하는 것을 말
할 경우에 사용한다. 단, 판단의 근거가 논리적이어야 한다.

2) 動詞 + ～ようだ/～みたい/～らしい/～かもしれない/～はず

	単語	現在		韓国語
肯定	買	〈辞書形〉 う	ようだ	사는 것 같다
			みたいだ	
			らしい	
			かもしれない	살지도 모른다
			はず	살 것이다
否定		〈ない形〉 わない	ようだ	사지 않는 것 같다
			みたいだ	
			らしい	
			かもしれない	사지 않을지도 모른다
			はず	사지 않을 것이다

	単語	過去		韓国語
肯定	買	った〈た形〉	ようだ	산 것 같다
			みたいだ	
			らしい	
			かもしれない	샀을지도 모른다.
			はず	샀을 것이다
否定		わなかった〈ない形過去〉	ようだ	사지 않았던 것 같다
			みたいだ	
			らしい	
			かもしれない	사지 않았을지도 모른다.
			はず	사지 않았을 것이다

	単語	現在進行(状態)		韓国語
肯定	買	って いる	ようだ	사고 있는 것 같다
			みたいだ	
			らしい	
			かもしれない	사고 있을지도 모른다
			はず	사고 있을 것이다
否定		って いない	ようだ	사고 있지 않은 것 같다
			みたいだ	
			らしい	
			かもしれない	사고 있지 않을지도 모른다
			はず	사고 있지 않을 것이다

- 田中さんはもう結婚しているようです。
- マイケルさんは最近アルバイトを始めたようですね。
- 西山さんは空港へ友だちを迎えに行ったみたいです。
- 天気予報によると明日は雨が降るらしい。
- 来週は日本語の試験があるかもしれない。
- 彼はここに来るはずだ。

2) 名詞 + ～ようだ/～みたい/～らしい/～かもしれない/～はず

	単語	現在		韓国語
肯定	先生	の	ようだ	선생님인 것 같다
		X	みたいだ	
			らしい	
			かもしれない	선생님일지도 모른다
		の	はず	선생님일 것이다
否定		ではない	ようだ	선생님이 아닌 것 같다
			みたいだ	
			らしい	
			かもしれない	선생님이 아닐지도 모른다
			はず	선생님이 아닐 것이다

	単語	過去		韓国語
肯定	先生	だった	ようだ	선생님이었던 것 같다
			みたいだ	
			らしい	
			かもしれない	선생님이었을지도 모른다
			はず	선생님이었을 것이다
否定		ではなかった	ようだ	선생님이 아니었던 것 같다
			みたいだ	
			らしい	
			かもしれない	선생님이 아니었을지도 모른다
			はず	선생님이 아니었을 것이다

- 外は雨のようです。

- イーさんは秘書みたいです。

- みんなのうわさによると、あの人は国ではかなり有名らしいです。

- 彼は刑事かもしれないです。

- 彼女は高校生のはずです。

3) い形容詞 + ～ようだ/～みたい/～らしい/～かもしれない/～はず

	単語	現在		韓国語
肯定	寒	い	ようだ	추운 것 같다
			みたいだ	
			らしい	
			かもしれない	추울지도 모른다
			はず	추울 것이다
否定		い くない	ようだ	춥지 않은 것 같다
			みたいだ	
			らしい	
			かもしれない	춥지 않을지도 모른다
			はず	춥지 않을 것이다

	単語	過去		韓国語
肯定	寒	い かった	ようだ	추웠던 것 같다
			みたいだ	
			らしい	
			かもしれない	추웠을지도 모른다
			はず	추웠을 것이다
否定		い くなかった	ようだ	춥지 않았던 것 같다
			みたいだ	
			らしい	
			かもしれない	춥지 않았을지도 모른다
			はず	춥지 않았을 것이다

- 今年は去年より寒くないようです。
- 山川さんは今日休みです。調子が悪いみたいです。
- ハワイは暑いらしいです。
- 昨日の講義はうるさかったかもしれない。
- 沖縄の夏は暑いはずだ。

4) な形容詞 + ～ようだ/～みたい/～らしい/～かもしれない/～はず

	単語	現在		韓国語
肯定	親切	~~だ~~ → な	ようだ	친절한 것 같다
		だ	みたいだ	
			らしい	
			かもしれない	친절할지도 모른다
		~~だ~~ → な	はず	친절할 것이다
否定		~~だ~~ ↓ ではない	ようだ	친절하지 않은 것 같다
			みたいだ	
			らしい	
			かもしれない	친절하지 않을지도 모른다
			はず	친절하지 않을 것이다

	単語	過去		韓国語
肯定	親切	~~だ~~ ↓ だった	ようだ	친절했던 것 같다
			みたいだ	
			らしい	
			かもしれない	친절했을지도 모른다
			はず	친절했을 것이다
否定		~~だ~~ ↓ ではなかった	ようだ	친절하지 않았던 것 같다
			みたいだ	
			らしい	
			かもしれない	친절하지 않았을지도 모른다
			はず	친절하지 않았을 것이다

- 彼は親切なようです。
- 中村刑事は頑固みたいですね。
- 職員室の山田さんはじみらしいです。

チップ

らしい는 명사에 붙어서 전형적인 성질이 잘 나타난다는 뜻인 '～답다'의 뜻으로도 쓰인다.

- 今日は春らしい天気だ。오늘은 봄날다운 날씨다.
- 遅刻するなんて彼女らしくないですね。지각을 하다니 그녀답지 않군요.

文型練習

ぶん けい れん しゅう

1 例のように練習をしてみましょう。 Track 48

れい　　　　　れんしゅう

 例
部屋／汚い

へや　きたな

A：キムさんの部屋はどうですか。

B：部屋は汚いようです。

①
疲れる／いる

つか

A：田中さんは顔色が悪いですね。

たなか　かおいろ　わる

B：疲れ＿＿＿＿＿＿＿＿＿＿＿＿＿＿＿＿＿＿＿＿。

つか

②
日本より韓国のほう／高い

に ほん　かんこく　　　　　たか

A：日本と韓国の物価はどちらが高いですか。

に ほん　かんこく　ぶっか　　　　　たか

B：日本より韓国のほう＿＿＿＿＿＿＿＿＿＿＿＿＿＿＿。

に ほん　かんこく

③
あそこのコンビニの店員／親切だ

てんいん　しんせつ

A：あそこのコンビニの店員はどうですか。

てんいん

B：あそこのコンビニの店員＿＿＿＿＿＿＿＿＿＿＿。

てんいん

2 例のように練習をしてみましょう。 Track 49

れい　　　　　れんしゅう

例
A: 担任の先生は怖いですか。

たんにん　せんせい　こわ

B: 怖いかもしれません。

こわ

①

A: 車は50万円で買えますか。

くるま　　　まんえん　か

B: ＿＿＿＿＿＿＿＿＿＿＿＿＿＿＿＿＿＿。

②

A: ここは車がなかったら不便ですか。

B: ＿＿＿＿＿＿＿＿＿＿＿＿＿＿＿＿＿。

③

A: 両親を迎えに行きますが、時間がないですね。(遅れる)

B: ＿＿＿＿＿＿＿＿＿＿＿＿＿＿＿＿＿。

3 例のように練習をしてみましょう。 Track 50

例

A: 薬を飲めば病気が治りますか。
B: 病気が治るはずです。

①

A: 荷物は先週送りましたが、届きましたか。
B: 荷物は＿＿＿＿＿＿＿＿＿＿＿＿＿＿＿。

②

A: 明日、学校は休みですか。
B: 学校は＿＿＿＿＿＿＿＿＿＿＿＿＿＿＿。

③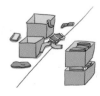

A: これぐらいはできますか。

B: はい、＿＿＿＿＿＿＿＿＿＿＿＿＿＿＿。

1 次の漢字の読み仮名を書きなさい。

1) 夕焼け : _____   2) 梅雨 : _____   3) 台風 : _____

4) 正確 : _____   5) 先輩 : _____   6) 顔色 : _____

2 下線に一番適当なものを一つ選びなさい。

1) 明日は_____ですよ。

① はれよう　　② はれろよう　③ はれるよう　④ ばれるよう

2) 今度の台風も_____しれませんね。

① おおきくかも　　　　　　② おおきかも

③ おおきいなかも　　　　　④ おおきいかも

3) 山川さんは今日休みです。調子が_____です。

① わるいみたい　② わるくみたい　③ わるいみだい　④ わるいなみたい

4) 遅刻するなんて彼女_____ですね。

① らしぐない　② らしくいない　③ らしくない　④ らしいない

5) 明日は雨が_____しれない。

① ふりかも　　② ふるかも　　③ ふらなく　　④ ふらなかも

3 次の韓国語を日本語に直しなさい。

1) 이제 장마는 그친 것 같습니다.

_____。

2) 하지만 2, 3일 후에는 태풍이 올 것 같아요.

_____。

3) 어제 텔레비전 뉴스에서는 작다고 했기 때문에 크지 않을 겁니다.

_____。

応用会話
おうようかい わ

★ 다음그림을 보면서 이야기를 나누어 보자.

1. 週末の天気について話し合ってみましょう。(らしい／みたい／かもしれない)
   しゅうまつ てん き はな あ

   例 週末は晴れるらしいです。
   しゅうまつ は

2. 最近の流行について話し合ってみましょう。
   さいきん りゅうこう はな あ

   例 最近、○○がはやっているようです。
   さいきん

応用単語
おうようたん ご

曇(くも)る 흐리다 | 雷(かみなり) 천둥 | 大雨(おおあめ) 큰비, 폭우 | 流行(りゅうこう) 유행 | はやっている 유행하고 있다

聞き取り・書き取り練習
き と か と れんしゅう

★ 잘 듣고 다음의 공란을 일본어로 채워 봅시다.

Track 51

田中(男)　パクさん、今日の　　　　　　　　　見ましたか。

パク(女)　はい、きれいでしたね。明日は　　　　　　　　　　　ですよ。

田中(男)　そうですね。

パク(女)　それに、もう梅雨は　　　　　　　　みたいです。

田中(男)　でも、2、3日後には台風が　　　　　　ですよ。

パク(女)　この前のが大きかったから、今度の台風も大きい　　　　　　　ね。

田中(男)　そんな　　　　　　はありません。昨日のテレビのニュースでは小さい

　　　　　　と言っていましたから、　　　　　　　　　　です。

パク(女)　そうですか。やっぱり田中さんはいつも正確で、先輩　　　　　　ね。

田中(男)　それほどでもないです。

単語帳
たん ご ちょう

もしかすると 어쩌면, 혹시 | ひょっとすると 어쩌면, 혹시 | 空港(くうこう) 공항 | 迎(むか)え 마중 | 秘書(ひしょ) 비서 | うわさ 소문 | 刑事(けいじ) 형사 | 高校生(こうこうせい) 고등학생 | 沖縄(おきなわ) 오키나와(지명) | 頑固(がんこ)だ 완고하다, 고집이 세다 | じみだ 수수하다 | 田舎(いなか) 시골 | 顔色(かおいろ) 안색 | 物価(ぶっか) 물가 | 慣(な)れる 익숙하다 | 担任(たんにん) 담임 | 病気(びょうき) 병 | 治(なお)る (병이) 치료되다 | 届(とど)く 닿다, 도착하다 | 参加(さんか) 참가 | 専攻(せんこう) 전공 | 多分(たぶん) 아마도

地主神社
恋占いの石

第12課
だいじゅうにか

来月営業部の佐藤さんが
らいげつえいぎょうぶ　さとう
結婚するそうですね。
けっこん

重要ポイント
じゅうよう

1. 〜そうだ(様態／伝聞)
   ようたい　でんぶん
2. 〜つもりだ／〜予定だ
   よてい

ダイアローグ単語

①

けっこんしき
結婚式
결혼식

②

ふ
降りそうだ
내릴 것 같다

③

あいて
相手
상대

④

み
見つける
찾아내다, 발견하다

⑤ **ところで** : 그런데, 그건 그렇고

えいぎょうぶ
⑥ **営業部** : 영업부

⑦ **するそうだ** : 한다고 한다

よてい
⑧ **予定** : 예정

いない
⑨ **以内** : 이내

⑩ **～するつもりです** : ～할 참(작정)입니다

あいて
⑪ **相手** : 상대

こんかつ
⑫ **婚活** : 결혼을 하기 위한 활동. けっこん かつどう 結婚活動의 줄임말

〈スキー場の休憩室で〉

林 この調子だと雪が降りそうですね。

山田 ええ、すてきですね。

林 ところで、来月営業部の佐藤さんが結婚するそうですね。

山田 ええ、お台場で結婚式をあげる予定です。

林 山田さんの結婚の予定は？

山田 私も3年以内には結婚するつもりです。

林 えっ、相手はいるんですか？

山田 それが、まだなんです。

林 じゃ、はやく見つけなきゃ。

山田 今度の春に見つけるつもりです。

林 がんばってくださいね。

山田 はい、婚活、がんばります。

1. ～そうだ(様態) : ～인 것 같다(～어 보인다)

추측을 나타내며 시각적인 느낌에 의한 판단일 때가 많다. 그러므로 「きれいだ」와 같이 시각적으로 알 수 있는 경우에는 「きれいそう」라고 하지 않는다. 다음은 품사별 접속방법이다.

1) 動詞

① 1 グループ「u동사(5 段動詞)」: 語尾「う段」을「い段」으로 바꾸고 + そうだ

語幹	語尾	+	韓国語
降	ら	そうだ	내릴 것 같다
	り		
	~~る~~		
	れ		
	ろ		

• 今にも雨が降りそうです。

② 2 グループ「ru동사(1 段動詞)」: 語尾「る」를 지우고 + そうだ

語幹	語尾	+	韓国語
落ち	~~る~~	そうだ	떨어질 것 같다

• おなかがへっていてなんでも食べそうです。
• かびんが棚から落ちそうです。

③ 3 グループ「불규칙 동사」

語幹	語尾	+	韓国語
する	し	そうだ	할 것 같다
来る	き		올 것 같다

• 今日は、お客さんがたくさん来そうです。

2) **い形容詞** : 어미「い」를 지우고 + そうだ

語幹	語尾	+	韓国語
おいし	~~い~~	そうだ	맛있을 것 같다

• このケーキはおいしそうですね。

3) **な形容詞** : 어미「だ」를 지우고 + そうだ

語幹	語尾	+	韓国語
元気	~~だ~~	そうだ	건강한 것 같다

• この辺は交通は不便ですが、とても静かそうですね。

2. ～そうだ(伝聞) ～라고 한다

누군가로부터 전해 듣거나 무엇으로부터 얻은 정보를 상대에게 그대로 전달할 때 사용하며 끝나는 문장 뒤에「そうだ」를 붙인다. 다음은 품사별 접속방법이다.

1) **動詞**

① 1グループ「u동사(5段動詞)」 : 辞書形 + そうだ

語幹	語尾	+	韓国語
降	ら	そうだ	온다고 한다
	り		
	る		
	れ		
	ろ		

• 明日は雨が降るそうです。

② 2グループ「ru동사(一段動詞)」 : 辞書形 + そうだ

語幹	語尾	+	韓国語
食べ	る	そうだ	먹는다고 한다

• 彼はなんでも食べるそうです。

131

③ 3グループ「불규칙 동사」

辞書形	+	韓国語
する		한다고 한다
くる	そうだ	온다고 한다

- 今日は、お客さんがたくさん来るそうです。

2) い形容詞 : 辞書形 + そうだ

語幹	語尾	+	韓国語
たのし	い	そうだ	즐겁다고 한다

- 日本語の授業は楽しいそうです。

3) な形容詞 : 辞書形 + そうだ

語幹	語尾	+	韓国語
元気	だ	そうだ	건강하다고 한다

- この辺は交通は不便ですが、とても静かだそうですね。
- 渡辺先生はとても親切だそうです。

3. ～つもりだ／～予定だ(意思・計画・予定) ～할 생각(참)이다, ～할 예정이다

사전에 결의해서 굳어진 의지나 의도를 나타낸다. 「～つもりだ」가 '개인적인 의도'를 나타내는 데에 비해 「～予定だ」는 '다른 사람과 상의한 결과 정한 것'이나 '공적인 결정사항'인 경우에 사용한다.

品詞	単語	+	韓国語
動詞の辞書形	行く		갈 생각(작정)이다
動詞のない形	行かない	つもりだ	가지 않을 생각(작정)이다
動詞の辞書形	行く	予定だ	갈 예정이다

- 今日から日本語の勉強を頑張るつもりです。
- 来週アメリカへ旅行に行くつもりです。
- クリスマスは彼と一緒にニューヨークで過ごす予定だ。

❶ 「いい／否定形「ない」／ない(없다)」＋ 様態の そうだ

単語		＋	韓国語
いい	よさ	そうだ	좋은(을) 것 같다
ない	なさ		～이(지) 아닌 것 같다

• 明日は天気がよさそうです。 내일은 날씨가 좋을 것 같습니다.

• 日本語は難しくなさそうです。 일본어는 어렵지 않은 것 같습니다.

• 引き出しの中には何もなさそうです。
  서랍 안에는 아무것도 없는 것 같습니다.

❷ 様態의 「～そうだ」도 な형용사이므로 명사를 수식할 때는 「～そうな」가 된다.

• 浅田さんはおもしろそうな小説を読んでいます。
  아사다씨는 재미있을 것 같은 책을 읽고 있습니다.

❸ 伝聞의 「～そうだ」는 책, 신문, 방송 등을 통해 알게 된 것을 이야기할 때도 쓸 수 있는데, 정보의 출처에 관해 언급하고자 할 때는 문장 앞에 「～によると」를 쓰면 된다.

• 新聞によると 神戸で地震があったそうです。
  신문에 따르면 고베에서 지진이 있었다고 합니다.

• 天気予報によると 明日は雨が降るそうです。
  일기예보에 따르면 내일은 비가 온다고 합니다.

❹ 위의 두 「～そうだ」는 의미상뿐만 아니라, 앞에 붙는 서술어의 형태도 다르다.

品詞	辞書形	様態	伝聞
動詞	降る	降りそうです	降るそうです
い形容詞	寂しい	寂しそうです	寂しいそうです
な形容詞	好きだ	好きそうです	好きだそうです
名詞	学生だ	X	学生だそうです
韓国語の意味		～일 것 같습니다.	～라고 합니다.

❺ 見つけなきゃ : 찾지 않으면

見つけなければ가 원형.

「～なければ는 「～なくては」로 바꿔 쓸 수 있으며,《회화체에서 축약형》으로 「～なければ」→「～なきゃ」/「～なくては」→「～なくちゃ」로 발음한다.

文型練習

1 例のように練習をしてみましょう。 Track 53

例

この牛丼／おいしい

→ この牛丼は おいしそうです。

① 浅田さん／悲しい

→ ＿＿＿＿＿＿＿＿＿は＿＿＿＿＿＿＿です。

② 肉／焼ける

→ ＿＿＿＿＿＿＿＿＿が＿＿＿＿＿＿＿です。

③ もうすぐ、建物／できる

→ もうすぐ、＿＿＿＿＿＿＿が＿＿＿＿＿＿です。

④ 今にも、いす／壊れる

→ 今にも、＿＿＿＿＿＿＿が＿＿＿＿＿＿です。

⑤ 時間／ない

→ ＿＿＿＿＿＿＿＿＿が＿＿＿＿＿＿＿です。

134

2 例のように練習をしてみましょう。 🔊 Track 54

例

新聞／明日は雨です

→ 新聞によると、明日は雨だそうです。

① 先生／この辞書はとてもいいです

→ ＿＿＿＿＿によると、この辞書はとても＿＿＿＿＿＿です。

② ニュース／高速道路で事故がありました。

→ ＿＿＿＿＿によると、高速道路で事故が＿＿＿＿＿＿です。

③ 地方の新聞／あの店の野菜は新鮮です。

→ ＿＿＿＿＿によると、あの店の野菜は＿＿＿＿＿＿です。

④ ニュース／昨日の火事の原因はまだ、調べています。

→ ＿＿＿＿＿によると、昨日の火事の原因はまだ、＿＿＿＿＿です。

⑤ 新聞／犯人は被害者の同僚でした。

→ ＿＿＿＿＿によると、犯人は被害者の＿＿＿＿＿＿です。

3 例のように練習をしてみましょう。 Track 55

例

来年

→ わたしは来年結婚するつもりです。

① 新しい車

→ わたしは＿＿＿＿＿＿＿＿＿＿＿＿つもりです。

② 夏休み

→ わたしは＿＿＿＿＿＿＿＿＿＿＿＿つもりです。

③ 将来、先生

→ わたしは＿＿＿＿＿＿＿＿＿＿＿＿つもりです。

④ 韓国語

→ わたしは＿＿＿＿＿＿＿＿＿＿＿＿つもりです。

⑤ 日曜日

→ わたしは＿＿＿＿＿＿＿＿＿＿＿＿つもりです。

1 次の漢字の読み仮名を書きなさい。

1) 営業部 ：_____　　2) 相手 ：_____

3) 結婚 ：_____　　4) 地震 ：_____

5) 過ごす ：_____　　6) 高速 ：_____

2 下線に一番適当なものを一つ選びなさい。

1) この調子だと雪が_____ですね。

　① ふそう　　　② ふらなかった　　③ ふりそう　　　④ ふったそう

2) 私も3年以内には結婚_____です。

　① するつもり　　② しつもり　　③ したつもり　　④ するづもり

3) はい、_____、がんばります。

　① こんがつ　　② ごんかつ　　③ こんかつ　　④ ごんがつ

4) 浅田さんは_____小説を読んでいます。

　① おもしろそうの　　　　② おもしろいそうの

　③ おもしそうな　　　　　④ おもしろそうな

5) あしたは天気が_____です。

　① よくそう　　② よさそう　　③ いさそう　　④ いくそう

3 次の韓国語を日本語に直しなさい。

1) 야마다씨의 결혼 예정은?

_____。

2) 이번 봄에 찾을 예정입니다.

_____。

3) 이 근처의 교통은 불편합니다만, 조용한 것 같습니다.

_____。

応用会話 ★ 처음에는 교과서를 보고 하고 두 번째는 교과서를 덮고 연습해 봅시다.

1. 夏休み(冬休み)の予定について話し合いましょう。

2. 今週の日曜日に何をするつもりですか。

3. 日本に行く予定はありますか。

＊ 絵を見て、どんな様子なのか話してみましょう。（様態の「～そうだ」の練習）

病気

パーティー

荷物

頭

仕事

■ **応用単語**

話(はな)し合(ぁ)いましょう 이야기해 봅시다 | 予定(よてい)がある 예정이 있다 | 予定(よてい)がない 예정이 없다 | 何(なに)も
しない 아무것도 하지 않다 | どこにも行(い)かない 어디에도(아무데도) 안 가다 | 誰(だれ)にも会(ぁ)わない 아무도 안 만나다 |
辛(つら)い 괴롭다 | 大変(たいへん)だ 힘들다 | 苦(くる)しい 고통스럽다 | 暇(ひま)がない 틈(짬)이 없다

林(男)	この調子だと雪が　　　　　　　　ですね。
山田(女)	ええ、すてきですね。
林(男)	ところで、来月営業部の佐藤さんが結婚　　　　　　　　ですね。
山田(女)	ええ、お台場で結婚式をあげる予定です。
林(男)	山田さんの結婚の　　　　　　は？
山田(女)	私も３年以内には結婚　　　　　　　　です。
林(男)	えっ、相手はいるんですか？
山田(女)	それが、まだなんです。
林(男)	じゃ、はやく　　　　　　　　　。
山田(女)	今度の春に見つける　　　　　　です。
林(男)	がんばってくださいね。
山田(女)	はい、　　　　　　、がんばります。

単語帳

クリスマス 크리스마스 | ニューヨーク 뉴욕 | 過(す)ごす 지내다, 보내다 | 牛丼(ぎゅうどん) 소고기 덮밥 | 焼(や)ける 타다 | 壊(こわ)れる 부서지다 | 高速道路(こうそくどうろ) 고속도로 | 事故(じこ) 사고 | 地方(ちほう) 지방 | 火事(かじ) 화재 | 原因(げんいん) 원인 | 調(しら)べる 조사하다 | 犯人(はんにん) 범인 | 被害者(ひがいしゃ) 피해자 | 同僚(どうりょう) 동료 | 将来(しょうらい) 장래

가부키 (歌舞伎)

가부키(歌舞伎)는 일본 전통 연극이며 전통예능의 하나로 중요무형문화재이다. 가부키라는 단어의 유래는 「傾く(기운다)」의 고어인 「傾く(かぶく)」의 연용형을 명사화한 「かぶき」에서 비롯된 것으로 전해진다. 이 말은 전국시대(戦国時代) 말기부터 에도시대(江戸時代) 초기에 걸쳐 쿄(京)와 에도(江戸)에서 유행했던, 화려한 의상과 독특한 모습을 즐기거나 정상적이지 않은 행동을 가리키는데, 특히 그런 사람들을 가리켜 「かぶき者」라고도 했다.

慶長8년((1603)에 北野天満宮에서 흥행하여 교토에서 평판이 자자했던 出雲阿国가 가부키의 원조라고 한다. 阿国는 出雲大社의 무녀(巫女)였다는 설과 백정이나 가죽 다루는 일을 한 천민인 河原者였다는 설이 있는데 정확하지는 않다고 한다. 阿国는 그 시대의 유행가에 맞춰서 춤을 추는 예능을 구사했는데, 한편으로는 남장을 하고 かぶき者의 행동거지를 예능요소에 첨가하는 등 당시로서는 최첨단 극적 예능을 창조해냈다. 이런 예능은 이전부터 있었던 예능인 노(能)의 무대에서 행해졌는데, 가부키좌(歌舞伎座)의 花道는 여기에서 유래한 것이라고 여겨진다.

阿国의 평판이 자자해지자 많은 모방자들이 나타났는데, 특히 유녀(遊女)가 연기하는 유조가부키(遊女歌舞伎 여성가부키)와 앞머리를 깎지 않은 소년배우가 연기하는 와카슈가부키(若衆歌舞伎)가 유행했다. 그런데 풍기문란하다는 이유로 전자는 寛永6년(1629)에 금지되었으며 후자도 매춘 목적을 겸한 가부키집단이 횡행하여서 慶安5년(1652)에 금지되었는데, 이들이 현대에 와서는 야로가부키(野郎歌舞伎)가 되었다. 가부키에서는 남자 배역과 여자 배역 모두 남자 배우가 연기한다. 에도시대의 문화 전성기를 맞아 세련되게 완성되어 독특한 미의 세계를 형성하기에 이르렀다.

현대 가부키공연은 극장시설만 보더라도 에도시대와 완전히 같지는 않다. 하지만 오랜 전통의 가부키 양식을 핵심으로 삼으면서 현대적인 연극으로 성장하려는 시도가 계속되고 있다. 이와 같은 공연활동을 통해 가부키는 현대를 사는 전통예능으로서의 평가를 받기에 이르렀다.

또한 가부키는 무형문화유산보호조약에 준하는 '인류무형유산(정식명칭은 '인류 구전 및 무형유산 걸작')'의 대표적인 일람표'에 게재되었다.

13

<ruby>第13課<rt>だいじゅうさん か</rt></ruby>

私も佐藤さんの結婚式に行こうと思っています。

<ruby>私<rt></rt></ruby>も<ruby>佐藤<rt>さ とう</rt></ruby>さんの<ruby>結婚式<rt>けっ こん しき</rt></ruby>に<ruby>行<rt>い</rt></ruby>こうと<ruby>思<rt>おも</rt></ruby>っています。

<ruby>重要<rt>じゅうよう</rt></ruby>ポイント

1. <ruby>動詞<rt>どう し</rt></ruby>の「<ruby>意志形<rt>い し けい</rt></ruby>」「<ruby>勧誘形<rt>かんゆうけい</rt></ruby>」
2. 〜(よ)うと思う
3. 〜だろう ／ 〜でしょう

ダイアローグ単語

①

結婚式_{けっこんしき}
결혼식

②

ウェディングドレス
웨딩드레스

③

あこがれる
동경하다, 그리워하다

④

呼_よぶ
부르다

⑤ 参加_{さんか} : 참가

⑥ 〜(よ)うと思_{おも}っている : 〜(해)야지 하고 생각하다

⑦ 行_いこう : 가자, 가려고

⑧ 〜だろう : 〜겠지

⑨ 〜でしょう : 〜겠지요

142

ダイアローグ

Track 57

〈屋台でおでんを食べながら〉

山田　来週、佐藤さんの結婚式ですよね。

イー　ぼく、参加する予定ですよ。

山田　私も佐藤さんの結婚式に行こうと思っています。

イー　一緒に行こうよ。

山田　わかりました。行きましょう。

イー　すてきだろうね。

山田　そう思うでしょう。

イー　山田さんもウェディングドレスにあこがれるんじゃないで
　　　すか。

山田　もちろんです。私も、3年以内にはすてきなウェディング
　　　ドレスを着ようと思っています。

イー　その時は、ぼくも呼んでくださいよ。

山田　もちろんです。

どうし いしけい かんゆうけい
1. 動詞の意志形／勧誘形：〜(よ)う

どうし いしけい
「動詞の意志形」으로 사용될 때는 '〜(해)야지'라는 뜻으로, 말하는 사람의 의지나 결의를 나타낸다.

どうし かんゆうけい ていあん
「動詞の勧誘形」이나 「提案」으로 사용할 수 있는데, 이때는 '〜(하)자'의 뜻으로 「〜ましょう」에 비해 가벼운 표현이며 보통 친한 관계인 경우에 사용한다.

どうし いしけい かんゆうけい かつよう
〈動詞の意志形と勧誘形の活用〉

ごび だんどうし ごび だん だん
1) 1グループ「u동사(5段動詞)」：語尾「う段」을「お段」으로 바꾸고 + う

語幹	語尾	+	韓国語
行	か		
	き		
	←く	う	가야지, 가자
	け		
	こ		

らいねん
- 来年日本へ行こう。

あした やす こんや いっしょ の
- 明日は休みだから、今夜は一緒に飲みに行こう。

ごび いちだんどうし ごび
2) 2グループ「ru동사(一段動詞)」：語尾「る」를 지우고 +「よう」

語幹	語尾	+	韓国語
た食べ	~る~	よう	먹어야지, 먹자

ひる はん た
- レストランで昼ご飯を食べよう。

しゅうまつ えいが み
- 週末に映画を見よう。

3) 3グループ「불규칙 동사」

辞書形	+	韓国語
~する~	しよう	해야지, 하자
~く~る~	こよう	와야지, 오자

あした あさ
- 明日の朝からジョギングをしよう。

キム みせ あした こ
- 金さん、この店おいしいよ。明日また来よう。

2. ～(よ)うと思う/～(よ)うと思っている ～하려고 생각하다

動詞の意志形「～(よ)う」は「～と思う」や「～と思っている」と 함께 쓰이는 경우가 많다. 「～(よ)うと 思う」는 그 말을 하는 시점에서 결정되었다는 뜻인 데에 비해, 「～(よ)うと思っている」는 그 말을 하기 전부터 결정을 했다는 의미를 가진다.

- 新しい靴を買おうと思います。
- 先週から新しい靴を買おうと思っています。

3. ～だろう/～でしょう ～겠지/～겠죠(丁寧表現)

'예측이나 짐작'을 나타낼 때 사용. 「思う」와 함께 사용되는 예가 많다. 접속방법은 다음과 같다.

品詞		単語	+	+	韓国語
動詞	辞書形	行く	だろう	でしょう	가겠지, 가겠지요
	ない形	行かない			가지 않겠지, 가지 않겠지요
い形容詞	辞書形	難しい	だろう	でしょう	어렵겠지, 어렵겠지요
	ない形	難しくない			어렵지 않겠지, 어렵지 않겠지요
な形容詞 名詞	辞書形	静かだ 韓国人だ	だろう	でしょう	조용하겠지, 조용하겠죠 한국이겠지, 한국인이겠죠
	ない形	静かじゃない 韓国人じゃない			조용하지 않겠지, 조용하지 않겠죠 한국인이 아니겠지, 한국이이 아니겠죠

- 一生懸命勉強したから、きっと試験に合格するだろう。
- あしたも学校へ行くでしょう。
- 日本語は難しいだろう。
- 日本語は難しいでしょう。
- 彼女は、日本語科出身だから、日本語が上手だろう。
- あの人は韓国人じゃないでしょう。

* 「～だろう」는 「思う」와 함께 사용하는 예가 많다.
- 石井さんもサッカーに興味があるだろうと思います。

文型練習

1 例のように練習をしてみましょう。 🎧 Track 58

例

A：吉田さん、もう、レポートを書きましたか。
B：いいえ、今晩　書こうと　思っています。

①

A：パクさん、大学は決めましたか。
B：いいえ、今月末までに＿＿＿＿＿＿＿と思っています。

②

A：松永さん、もう生け花は習いましたか。
B：いいえ、十日から＿＿＿＿＿＿＿と思っています。

③

A：浅田さん、もう家を建てましたか。
B：いいえ、春から＿＿＿＿＿＿＿と思っています。

④

A：チェさん、お酒はやめましたか。
B：いいえ、来週から＿＿＿＿＿＿＿と思っています。

⑤

A：新屋さん、もう引っ越しましたか。
B：いいえ、来週＿＿＿＿＿＿＿と思っています。

2 例のように練習をしてみましょう。 Track 59

例

A：説明を聞いたら、わかりますか。

B：きっと　わかるでしょう。

①

A：あの建物は地震が起きたら、倒れますか。

B：たぶん、＿＿＿＿＿＿＿＿＿＿＿＿＿＿＿。

②

A：彼は卒業したら、帰国しますか。

B：きっと、＿＿＿＿＿＿＿＿＿＿＿＿＿＿＿。

③

A：前の卒業試験に落ちましたね。一生懸命勉強しますか。

B：試験に合格するために、今度こそ＿＿＿＿＿＿＿＿＿＿。

④

A：タクシーで行ったら、間に合いますか。

B：たぶん、タクシーで行っても＿＿＿＿＿＿＿＿＿＿＿。

⑤

A：この桜の木、枯れていますね。来月、花が咲きますか。

B：たぶん、枯れているから＿＿＿＿＿＿＿＿＿＿＿＿＿。

練習問題

1 次の漢字の読み仮名を書きなさい。

1) 結婚式 : _____   2) 参加 : _____

3) 合格 : _____   4) 出身 : _____

5) 帰国 : _____   6 枯れる : _____

2 下線に一番適当なものを一つ選びなさい。

1) 私も佐藤さんの結婚式に_____と思っています。

　① いく　　　② いこ　　　③ いこう　　　④ いこお

2) 3年以内には_____ウェディングドレスを着ようと思っています。

　① すてき　　② すてきだ　③ すてきの　④ すてきな

3) あしたは_____から、今夜、飲みに行こう。

　① やすみ　　② やすんだ　③ やすんで　④ やすみだ

4) 今年から、たばこを_____と思っています。

　① やめよお　② やめよ　　③ やめよう　④ やめろう

5) ウェディングドレスを_____と思っています。

　① きこう　　② きろう　　③ きよう　　④ きよお

3 次の韓国語を日本語に直しなさい。

1) 저도 결혼식에 가려고 생각하고 있습니다.

　_____。

2) 그렇게 생각되죠.

　_____。

3) 3년 이내에는 웨딩드레스를 입으려고 생각하고 있습니다.

　_____。

 **応用会話** ★ 처음에는 교과서를 보고 하고 두 번째는 교과서를 덮고 연습해 봅시다.

1. 週末の予定を友だちに伝えましょう。
   例 私は今週の日曜日に彼氏に会おうと思っています。

2. 皆さんの中で、日本に行こうと思う人がいますか。
   例 日本で何をしようと思っていますか。

3. 来年(今年)の計画について話し合いましょう。
   例 私はタバコをやめようと思います。

■ 応用単語

会(あ)いたいですが、時間(じかん)がない 만나고 싶은데 시간이 없다｜映画(えいが)を見(み)たり、ご飯(はん)を食(た)べたりする 영화를 보거나 밥을 먹거나 한다｜勉強(べんきょう)しようと思(おも)う 공부하려고 한다｜就職(しゅうしょく)しようと思(おも)う 취직하려고 한다｜健康(けんこう)のためにタバコをやめる 건강을 위해서 담배를 끊는다

 聞き取り・書き取り練習 ★ 잘 듣고 다음의 공란을 일본어로 채워 봅시다. Track 60

山田 (女)	来週、佐藤さんの ＿＿＿＿＿＿＿＿ ですよね。
イー (男)	ぼく、参加する予定ですよ。
山田 (女)	私も佐藤さんの結婚式に ＿＿＿＿＿ と思っています。
イー (男)	一緒に ＿＿＿＿＿ よ。
山田 (女)	わかりました。行きましょう。
イー (男)	＿＿＿＿＿＿＿＿ ね。
山田 (女)	そう思うでしょう。
イー (男)	山田さんもウェディングドレスに ＿＿＿＿＿＿＿ですか。
山田 (女)	もちろんです。私も、3年以内には ＿＿＿＿＿ ウェディングドレスを ＿＿＿＿＿ と思っています。
イー (男)	その時は、ぼくも呼んでくださいよ。
山田 (女)	＿＿＿＿＿ です。

単語帳

ジョギング 조깅｜興味(きょうみ) 흥미｜合格(ごうかく) 합격｜日本語科出身(にほんごかしゅっしん) 일본어과 출신｜決(き)める 정하다, 결정하다｜生(い)け花(ばな) 꽃꽂이｜建(た)てる 세우다, 짓다｜引(ひ)っ越(こ)す 이사｜説明(せつめい) 설명｜卒業(そつぎょう) 졸업｜帰国(きこく) 귀국｜落(お)ちる 떨어지다｜間(ま)に合(あ)う 시간에 늦지 않게 대다｜枯(か)れる 마르다, 시들다｜咲(さ)く (꽃이) 피다

にほんぶんか
日本文化

결혼식 (結婚式)

일본의 결혼식은 일본 특유의 종교인 신도(神道)와 관계가 깊은데, 이 신도의
형식에 맞춰 거행하는 결혼식을 신전식(神前式)이라고 한다. 신전식의 식순은 신
사(神社)에 따라 조금씩 차이가 있다. 신관(神官)과 무녀(巫女)는 모두 신사의 신
을 섬기는 신분이다. 신관은 신사에 참배하는 사람들과 신들 사이를 맺어주는 역
할을 하고, 무녀는 신관을 보좌한다. 결혼식을 주관하는 신관을 斎主, 이 밖의 신
관을 祭員()이라 부르며, 祭員과 무녀가 斎主를 도와준다. 또한 아악을
연주하는 신관은 玲人이나 楽人 薬師 등으로 불린다. 신사에 따라서는
무녀의 춤이나 신관인 연주하는 무악 등을 신전에 봉납함으로써 신랑,
신부, 참석자 일동의 번영과 행복을 기원하는 곳도 있다. 식장에서 참석
자가 앉는 위치는 기본적으로 같다. 신전을 향해 식장의 중앙 우측에는
신랑, 좌측에는 신부가 앉는다(신사에 따라서는 신랑과 신부가 마주보고
앉는 경우도 있다). 중매인 부부는 신랑 신부 뒤에 같은 방식으로 좌우에
착석한다.

신랑의 가족은 우측, 신부의 가족은 좌측에 앉고 각 친척은 마주보듯 양
가 부모의 순으로 앉는다(신사에 따라서는 신랑의 가족이
우측, 신부의 가족이 좌측으로 각각 신전 쪽을 향해서 앉는
경우도 있다). 지금까지 신전식은 양가 부모, 중매인, 친척
만이 참석하는 경우가 많았는데, 요즘은 많은 사람들에게
식을 보여주고 싶어하는 신랑신부가 늘어나면서 친구들
도 참석할 수 있도록 호텔에 넓은 신전을 만들어 사용하
는 예도 있다. 물론 신사에서도 공간적 여유가 있으면 희
망에 따라 친척 이외에 친구들도 참가할 수 있도록 하는
곳도 있다. 또한 최근에는 중매인을 세우지 않고 신전식
을 거행하는 경우도 증가하는 등 지금까지의 스타일과는 다르게 바뀌고
있다.

14

<ruby>第<rt>だいじゅうよん</rt></ruby><ruby>14課<rt>か</rt></ruby>
第 14 課

何か買ってあげたいんだけど。

<ruby>重要<rt>じゅうよう</rt></ruby>ポイント

1. <ruby>授受表現<rt>じゅじゅひょうげん</rt></ruby>（<ruby>物<rt>もの</rt></ruby>）
2. <ruby>授受表現<rt>じゅじゅひょうげん</rt></ruby>（<ruby>行為<rt>こうい</rt></ruby>）

ダイアローグ<ruby>単語<rt>たん ご</rt></ruby>

① <ruby>誕生日<rt>たんじょう び</rt></ruby>
생일

ほしいもの
갖고 싶은 물건

③ ネックレス
목걸이

④ <ruby>初めて<rt>はじ</rt></ruby>
처음으로

⑤ キーホルダー
키홀더(열쇠고리)

⑥ **あげる** : 주다(내가 남에게)

⑦ **リクエスト** : 요구, 주문, 희망, 요청

⑧ **<ruby>本当<rt>ほんとう</rt></ruby>** : 정말

⑨ **もらう** : 받다(내가)

⑩ **どうしよう** : 어쩌지, 어떻게 하지

⑪ **くれる** : 주다(남이 나에게)

⑫ **だいじょうぶだ** : 괜찮다

⑬ **<ruby>君<rt>くん</rt></ruby>** : 군

⑭ **お<ruby>任せ<rt>まか</rt></ruby>** : 맡김

⑮ **<ruby>楽しみにする<rt>たの</rt></ruby>** : 기대하다

⑯ **<ruby>出会う<rt>で あ</rt></ruby>** : 만나다(우연히)

⑰ **あれから** : 그때부터(시간적으로)

⑱ **<ruby>月日<rt>つき ひ</rt></ruby>** : 세월

⑲ **おかげ** : 덕분, 덕택

⑳ **<ruby>感謝<rt>かんしゃ</rt></ruby>** : 감사

㉑ **<ruby>仲<rt>なか</rt></ruby>** : (사람과 사람의) 사이, 관계

ダイアローグ  Track 61

〈電車の中で〉

田中　パクさん、今度の誕生日にほしいものがありますか。

何か買ってあげたいんだけど……。

パク　えっ、本当ですか。うれしいです。

田中　何でもリクエストしてください。

パク　でも、この前ネックレスももらったし、わるいわ。

田中　だいじょうぶですよ。

パク　田中くんに、お任せします。

田中　わかりました。楽しみにしていてください。

パク　これ、覚えていますか。2年前に初めて、田中くんと出

会ったとき買ってくれたキーホルダーです。

田中　ええ。あれから、もう2年。月日は早いですね。

パク　田中くんのおかげで、日本の生活もとても楽しいし、とて

も感謝しています。

田中　これからも、仲よくがんばりましょう。

153

重要文法と表現

1. 授受表現「物」

1) 나(나의 측근) 또는 제3자가 다른 사람에게 뭔가를 '주다'

① **あげる : 〜に〜をあげる**(〜에게 〜를〈을〉 주다)

나를 중심으로 내가 남에게 물건을 줄 경우.

- 私は元田さんにハンカチをあげました。(私 ⇨ 他人)

제3자끼리 주고받을 때는 나에게 가깝다고 느껴지는 사람이 줄 경우, 「〜あげる」를 쓴다.

- 元田さんは隣の人に柿をあげました。(他人 ⇨ 他人)

② **やる : 〜に〜をやる**(〜에게 〜를〈을〉 주다)

내가 나이 어린 사람에게 물건을, 식물에게 물을, 동물에게 먹이를 줄 경우.

- 私は猫にえさをやった。(私 ⇨ 目下の人/動物/植物)

2) 다른 사람(나의 가족)이 나(내 측근)에게 주다

くれる : 〜が〜をくれる/〜が(わたしに)〜をくれる(〜가 〜를〈을〉 주다)

- 田中さんが妹にぬいぐるみをくれました。(私(家族) ⇐ 他人)
- 兄が(私に)帽子をくれました。(私に ⇐ 家族)

제3자끼리 주고받을 때도 나에게 가깝다고 느껴지는 사람이 받을 경우 「〜くれる」를 사용한다.

3) 내(측근이)가 다른 사람에게서 받다

もらう : 〜に(から)〜をもらう(〜에게서〈한테서〉 〜를〈을〉 받다)

- 私は友だちに(から)本をもらいました。(私 ⇐ 他人)

받는 사람이 문장의 주체가 된다.

'〜에게서(한테서)'를 의미하는 조사 「〜に」는 「〜から」로 바꿔서 쓸 수 있으나, 국가나 단체로부터 받은 경우에는 「〜から」만 쓸 수 있다.

154

* 조사의 변동에 주의하면서 다음의 「くれる」문과 「もらう」문을 비교해 보자.

姉 が 私 に 古着を くれました。

私 は 姉 に/から 古着を もらいました。

2. 授受表現「行為」

1) 내(또는 다른 사람이)가 다른 사람을 위해 행위를 해 주다

① ～てあげる

動詞「て形」+ あげる : ～に ～を～てあげる(～에게 ～를〈을〉 ～해 주다)

- 友だちに宿題を手伝ってあげました。(私 ⇨ 他人)
- 金さんは山田さんに食事をごちそうしてあげました。(他人 ⇨ 他人)

② ～てやる

動詞「て形」+ やる : ～に～を～てやる(～에게 ～를〈을〉 ～해 주다)

내가 나이 어린 사람, 식물, 동물에게 어떤 행위를 해 줄 때.

- 赤ん坊におもちゃを買ってやりました。(私 ⇨ 目下の人/動物/植物)

2) 다른 사람이 내(또는 내 측근)에게 어떠한 행위를 해 주다

～てくれる

動詞「て形」+ くれる : ～が(わたしに)～を～てくれる(～가 ～를〈을〉 해 주다)

- 学生がかばんを持ってくれました。(私(家族) ⇦ 他人)
- これは、私の代わりに弟が書いてくれたラブレターです。(私に ⇦ 家族)

3) 내(또는 내 측근이)가 다른 사람에게서 행위를 해 받다

～てもらう

動詞「て形」+ もらう : ～に(から)～を～てもらう(～에게서〈한테서〉 ～를〈을〉 해 받다)

- この間、山川さんに日本のおみやげを買ってきてもらいました。(私 ⇦ 他人)
- 浅田さんに夕食をおごってもらいました。(私 ⇦ 他人)

文型練習
ぶん けい れん しゅう

1 例のように練習をしてみましょう。 Track 62
れい　　　　　　　　れんしゅう

例

智美さん/私
ともみ　　わたし

A. 私は智美さんに背広を もらいました。
わたし　ともみ　　　せびろ

B. 智美さんが私に背広を くれました。
ともみ　　わたし　せびろ

① ミンチェさん/私
わたし

A. ミンチェさんが私にチケットを_____。
わたし

B. 私はミンチェさんにチケットを_____。
わたし

② 田中さん/姉
たなか　あね

A. 田中さんが姉に鏡を_____。
たなか　あね　かがみ

B. 姉は田中さんに鏡を_____。
あね　たなか　かがみ

③ 私/学生
わたし　がくせい

A. 私は学生に辞書を_____。
わたし　がくせい　じしょ

B. 学生は私に辞書を_____。
がくせい　わたし　じしょ

④ 学校/わたし
がっこう

A. 私は学校から皆勤賞を_____。
わたし　がっこう　かいきんしょう

B. 学校は私に皆勤賞を_____。
がっこう　わたし　かいきんしょう

⑤ 弟/木村さん
おとうと　きむら

A. 弟は木村さんに花束を_____。
おとうと　きむら　はなたば

B. 木村さんは弟に花束を_____。
きむら　おとうと　はなたば

2 例のように練習をしてみましょう。 🎧 Track 63

例

この時計は 平田さんに 貸してもらいました。
→ この時計は平田さんが 貸してくれました。

① うちの子は隣の人からお菓子をもらいました。
→ 隣の人がうちの子にお菓子を＿＿＿＿＿＿＿＿＿＿＿＿＿＿＿。

② キムさんが母にソウルを案内してくれました。
→ 母はキムさんにソウルを案内して＿＿＿＿＿＿＿＿＿＿＿＿。

③ 昨日、友だちに指輪を買ってもらいました。
→ 昨日、友だちが指輪を買って＿＿＿＿＿＿＿＿＿＿＿＿＿＿。

④ 会社の同僚にノートを貸してもらいました。
→ 昨日、会社の同僚がノートを貸して＿＿＿＿＿＿＿＿＿＿＿。

⑤ 母がお小遣いをくれました。
→ 母にお小遣いを＿＿＿＿＿＿＿＿＿＿＿＿＿＿＿＿＿＿＿。

1 次の漢字の読み仮名を書きなさい。

1) お任せ : _____　　2) 感謝 : _____　　3) 柿 : _____

4) 背広 : _____　　5) 古着 : _____　　6) 指輪 : _____

2 下線に一番適当なものを一つ選びなさい。

1) 何か買って＿＿＿＿＿＿＿＿んだけど……。

　　① あけたい　　　② あげたい　　　③ くれたい　　　④ あけだい

2) 2年前に初めて出会ったとき＿＿＿＿＿＿＿キーホルダーです。

　　① かってくれった　　　　　　② かてくれた

　　③ がってくれた　　　　　　　④ かってくれた

3) 私は猫にえさを＿＿＿＿＿＿＿。

　　① やた　　　　② もらった　　　③ やった　　　④ くれた

4) 金さんは山田さんに食事を＿＿＿＿＿＿＿。

　　① ごちそうしてあげました　　　② こちそうしてくれました

　　③ ごちそしてあげました　　　　④ ごちそくれました

5) これは、私の代わりに弟＿＿＿＿＿＿書いてくれたラブレターです。

　　① を　　　　　② は　　　　　③ が　　　　　④ の

3 次の韓国語を日本語に直しなさい。

1) 이번 생일에 갖고 싶은 물건이 있습니까?

_____。

2) 뭐든 요청해 주세요.

_____。

3) 예, 그때부터 벌써 2년. 세월이 빠르네요.

_____。

応用会話

1. ○○○さんはプレゼントをもらうのがすきですか。それともあげるのがすきですか。

2. バレンタインデーとホワイトデーには、必ずプレゼントをしなきゃいけないと思いますか。

3. 母の日や父の日にあげる花はどんな花ですか。(カーネーション)

4. 今年の誕生日に誰から何をもらいましたか。あるいは何がほしいですか。

5. あなたは人におごるほうですか。それとも、おごってもらうほうですか。

6. 今まで、もらった物の中で何が一番うれしかったですか。

7. プロポーズのとき、どんなプレゼントが一番いいと思いますか。

■ **応用単語と表現**

バレンタインデー 발렌타인데이(2월 14일) | ホワイトデー 화이트데이(3월 14일) | 母(はは)の日(ひ) 어머니 날(5월 둘째 일요일) | 父(ちち)の日(ひ) 아버지 날(6월 셋째 일요일) | カーネーション 카네이션 | それとも 아니면 | あるいは 또는, 혹은 | 告白(こくはく) 고백 | 本命(ほんめい)チョコ 사랑하는 사람에게 주는 초콜릿 | 思(おも)いを込(こ)める 마음을 담다 | 半分(はんぶん) 절반, 반 | 気前(きまえ)がいい 돈을 잘 쓰다 | 負担(ふたん)になる 부담이 되다 | 割(わ)り勘(かん) 각자 부담

田中(男)　パクさん、今度の誕生日に＿＿＿＿＿＿＿＿＿＿がありますか。

　　　　何か＿＿＿＿＿＿＿＿＿＿んだけど……。

パク(女)　えっ、本当ですか。うれしいです。

田中(男)　何でも＿＿＿＿＿＿＿＿してください。

パク(女)　でも、この前ネックレスも　もらったし、わるいわ。

田中(男)　だいじょうぶですよ。

パク(女)　田中くんに、＿＿＿＿＿＿＿します。

田中(男)　わかりました。＿＿＿＿＿＿にしていてください。

パク(女)　これ、覚えていますか。２年前に初めて、田中くんと出会ったとき

　　　　＿＿＿＿＿＿＿キーホルダーです。

田中(男)　ええ。あれから、もう２年。＿＿＿は早いですね。

パク(女)　田中くんの＿＿＿＿＿＿で、日本の生活もとても楽しいし、とても

　　　　感謝しています。

田中(男)　これからも、＿＿＿＿＿＿がんばりましょう。

単語帳

他人(たにん) 타인 | えさ 먹이 | 目下(めした)の人(ひと) 손아랫사람 | 植物(しょくぶつ) 식물 | ぬいぐるみ 봉제인형 | 古着(ふるぎ) 헌옷 | 手伝(てつだ)う 돕다, 거들다 | 赤(あか)んぼう 아기(갓난아기) | おもちゃ 장난감 | 代(か)わりに 대신에 | おごる 한턱내다 | 背広(せびろ) 신사복 | 鏡(かがみ) 거울 | 皆勤賞(かいきんしょう) 개근상 | 花束(はなたば) 꽃다발 | 案内(あんない) 안내 | 指輪(ゆびわ) 반지 | 小遣(こづか)い 용돈

日本文化
(に ほん ぶん か)

닌텐도(ニンテンド) - DS

닌텐도DS(Nintendo DS)는 닌텐도(任天堂)가 개발해서 2004년부터 세계 각국에 판매를 시작한 휴대형 게임기로, 약칭은 DS 또는 NDS이다. 두 개의 화면과 터치스크린, 마이크 음성 입력 등의 유저 인터페이스를 특징으로 한다. DS란 Dual Screen의 약자로 접이식 본체 양쪽에 '두 개의 액정화면을 갖추고 있다'란 뜻이 있다. 그밖에도 Double Screen Developer System의 뜻도 있다고 한다. 상위 모델에 해당되는 DS Lite가 일본에서는 2006년 3월 2일, 호주에서는 6월 1일, 미국에서는 6월 11일, 유럽에서는 6월 23일, 중국에서는 iQue DS Lite라는 명칭으로 6월 29일, 한국에서는 2007년 1월 18일에 발매되었다. 또한 2008년 11월 1일에 상위 모델인 DSi가 발매되었다.

2004년까지 TV게임 업계는 영상 표현에 관한 하드웨어 기술의 발달로 영화적인 표현이 강세를 보이는 등 획일적이고 매너리즘 상태에 빠져 게임 인구가 감소하는 경향이었다. 닌텐도DS는 그런 흐름에 제동을 걸어 터치스크린, 음성인식 등의 참신한 기능으로 게임 인구를 확대해 새로운 수요층을 창출하는 데에 성공했다. 닌텐도는 단순한 게임기가 아니라 '소유자의 생활을 풍요롭게 하는 기계'를 목표로 삼는다고 한다. 그이전만 하더라도 매스컴은 TV게임의 마이너스 면을 부각시켰다. 그러나 닌텐도DS가 나온 이후부터 게임이 교육과 교재에 활용되는 등 게임기 Wii의 성공에 영향을 주었다. 또한 사람들의 게임에 대한 부정적인 이미지도 완화시키는 등 DS의 역할이 크다.

전용소프트도 〈동북대학 미래과학기술공동연구센터(東北大学未来科学技術共同研究センター) 가와시마 류타(川島隆太) 교수 감수. 뇌를 단련시키는 성인 DS 트레이닝〉 등은 매우 실용적이다. 또한 중학생용 교재〈득점력 학습 DS〉를 만든 베넷세 코퍼레이션 등 타 업계 타 업종에서는 생각지도 못했던 형태로 DS에 신규 참여하는 등의 움직임도 활발하다. 나아가 교토의 한 중학교에서는 DS를 사용하여 영어 단어 학습 시간을 만든 결과 습득 어휘수가 40%나 증가하는 효과를 올렸

고 기타 지역에서도 학교 교재로서 이용하는 곳이 많아졌다. 즉 교육기기로서 활용되기 시작했다고 할 수 있다. 한국에서도 게임이라고 하면 놀이라는 이미지가 커 공부와는 정반대의 이미지였는데, 이를 교육현장에 받아들이려는 움직임은 흥미롭다. 현재는 휴대형·설치겸용 게임기로 일본 최고 판매대수를 기록하고 있다. 미국에서는 2008년 12월에 304만 대를 팔아 게임기 사상 최고의 월간판매대수를 기록했다. 2008년 연간 판매대수는 995만 대를 기록하여 2007년에 자신이 세운 852만대를 넘어섰다. 그러나 Wii가 1,022만 대를 팔았기 때문에 연간 판매대수는 2위가 되었다. 2009년 1월에 발매한 지 4년 만에 일본에서의 판매가 2,500만 대를 돌파했다고 발표되었다. 3월 6일에는 가정용 비디오 게임기로서는 4년 3개월하고도 2주간이라는 최고 속도의 페이스로 전 세계를 합쳐 1억 대를 돌파했다.

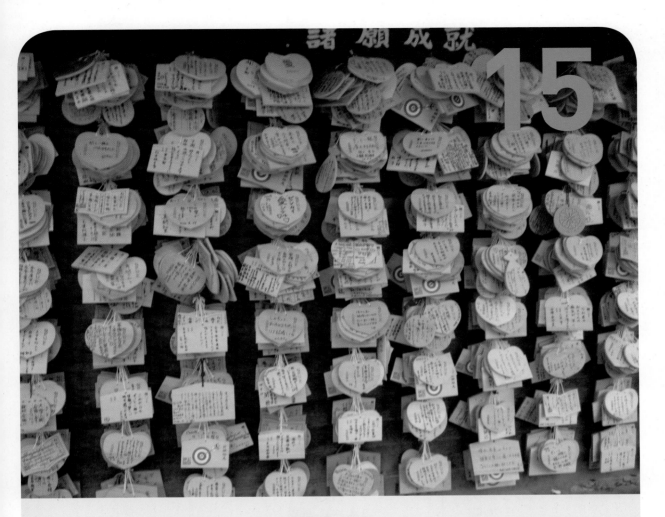

15

だいじゅうご か
第15課

きのう しゃ ちょう よ
昨日、社長に呼ばれたんですよ。

じゅうよう
重要ポイント

1. ～れます／～られます ― 受身（1）うけ み
2. 受身の作り方うけ み つく かた

ダイアローグ単語

① 廊下
ろうか
복도

② ほめる
칭찬하다

③ 力
ちから
힘

④ あきらめる
포기하다

⑤ 苦労
くろう
고생, 수고, 노고

⑥ 問題 : 문제
もんだい

⑦ 新製品展 : 신제품전
しんせいひんてん

⑧ 出品 : 출품
しゅっぴん

⑨ 評判 : 평판
ひょうばん

⑩ 専務 : 전무
せんむ

⑪ 努力 : 노력
どりょく

⑫ 必ず : 반드시
かなら

⑬ 認める : 인정하다
みと

⑭ さらに : 더 한층, 보다 더, 더욱 더

⑮ もっと : 더, 더욱, 좀더, 한층

ダイアローグ

 Track 65

〈会社の廊下で〉

イー　昨日、社長に呼ばれたんですよ。

林　何か問題でもあったんですか。

イー　いえ、問題ではなく、ほめられたんです。

山田　え、どんなことでですか。

イー　先週、新製品展が開かれたんですが、そこに出品した製品の評判がとても良かったとほめられました。

山田　そうですか。

イー　とてもいいできだったと、専務にも言われました。

林　良かったですね。

イー　それで、うれしくて何か力が出てきました。

山田　あきらめないで努力すれば、苦労は必ず認められるんですね。

林　これからも、がんばってください。

イー　ありがとうございます。さらに、もっとがんばります。

1. 受身/直接受身：〜に〜を(動詞)〜(ら)れる (〜에게 〜를〈을〉 〜되다〈당하다〉)

수동태는 동작을 받는 쪽에 시점을 둔 표현인데, 조동사 (ら)れる로 나타내며 다음과 같이 변환한다.

• 父が　弟を　叱った。(야단을 친 사람이 주체)

• 弟は　父に　叱られた。(야단을 맞은 사람이 주체)

1) 動詞の「受身」の活用

① 1グループ「u動詞(5段動詞)」：語尾「う段」を「あ段」으로 바꾸고 + れる

買	わ	れる
	い	
	う	
	え	
	お	

行	か	れる
	き	
	く	
	け	
	こ	

騒	が	れる
	ぎ	
	ぐ	
	げ	
	ご	

待	た	れる
	ち	
	つ	
	て	
	と	

取	ら	れる
	り	
	る	
	れ	
	ろ	

話	さ	れる
	し	
	す	
	せ	
	そ	

読	ま	れる
	み	
	む	
	め	
	も	

死	な	れる
	に	
	ぬ	
	ね	
	の	

呼	ば	れる
	び	
	ぶ	
	べ	
	ぼ	

＊注意：「う」로 끝나는 동사의「受身」는「〜あれる」가 아니라「〜われる」가 된다.

② 2グループ「ru動詞(1段動詞)」：語尾「る」를 지우고「られる」붙인다.

語幹	語尾	＋	語幹	語尾	＋	語幹	語尾	＋
食べ	る	られる	見	る	られる	起き	る	られる

③ 3グループ「불규칙 동사」

する	される
くる	こられる

- 友達にひどいことを言われて、ショックを受けました。
- 今日は先生にほめられたので、すごく気分がいいんです。
- これ、部長に頼まれた書類です。
- あのタレントは皆に尊敬されています。

2) **受身** 중에는 동작주의 신체 부분이나 소유물을 대상으로 하는 경우도 있다.

> 「人/動物」に「体の部分/所有物」を「動詞の受身」

- 電車の中で、若い女の人に足を踏まれました。
- 弟に自転車を壊されました。

3) 사람이 행한 행위의 대상(사물・행사)을 주체로 하는 경우도 있다.

- この建物は200年前に建てられました。
- 2008年のオリンピックはペキンで開かれました。
- 入学式は4月3日に行われます。

4) **動詞**の **受身** 자체는 2그룹「ru동사(1段動詞)」의 변화를 취한다.

読まれる

	普通体		丁寧体	
	肯定	否定	肯定	否定
現在	読まれる	読まれない	読まれます	読まれません
過去	読まれた	読まれなかった	読まれました	読まれませんでした
て形	読まれて			

1 例のように練習をしてみましょう。 Track 66
れい　　　　　　　れんしゅう

き　　　　　　　　き
聞きます。 → 聞かれます。

たた 叩きます	しか 叱ります	な 泣きます	い 言います
ぬす 盗みます	やす 休みます	お 押します	あい 愛します
おこ 怒ります	た 食べます	はこ 運びます	たす 助けます
と 取ります	よ 呼びます	み 見ます	ふ 踏みます
かみます	き 来ます	しょうたい 招待します	うた 歌います

2 例のように練習をしてみましょう。 Track 67

例

遅刻をする/先生/叱る

→ 遅刻をして、先生に 叱られました。

①

昨日、山に行く/蛇/足をかむ

→ 昨日、山に＿＿＿＿＿＿＿＿＿＿＿＿＿＿＿＿＿＿＿。

②

3年間、付き合った恋人/昨日、ふる。

→ 3年間、付き合った恋人＿＿＿＿＿＿＿＿＿＿＿＿＿＿＿＿＿＿。

③

先週の土曜日、山/蜂/頭をさす。

→ 先週の土曜日、山＿＿＿＿＿＿＿＿＿＿＿＿＿＿＿＿＿＿。

④

昨日、家で弟/日記を読む

→ 昨日、家で弟＿＿＿＿＿＿＿＿＿＿＿＿＿＿＿＿＿＿＿。

⑤

このお寺/500年前に/建てる

→ このお寺＿＿＿＿＿＿＿＿＿＿＿＿＿＿＿＿＿＿＿＿＿。

⑥

取っておいたケーキ/妹が食べる

→ 取っておいたケーキ＿＿＿＿＿＿＿＿＿＿＿＿＿＿＿＿。

⑦

今朝/母/お使いを頼む

→ 今朝、母＿＿＿＿＿＿＿＿＿＿＿＿＿＿＿＿＿＿＿＿＿。

1 次の漢字の読み仮名を書きなさい。

1) 製品　：＿＿＿＿＿＿　2) 出品　：＿＿＿＿＿＿　3) 評判　：＿＿＿＿＿＿

4) 専務　：＿＿＿＿＿＿　5) 努力　：＿＿＿＿＿＿　6) 苦労　：＿＿＿＿＿＿

2 下線に一番適当なものを一つ選びなさい。

1) 昨日、社長に＿＿＿＿＿＿ですよ。

　　① よばれたん　　②よんだん　　　③よばられたん　④よんでたん

2) いえ、問題ではなく、＿＿＿＿＿＿です。

　　① ほめてたん　　② ほめれたん　　③ ほめたん　　　④ ほめられたん

3) 先週、新製品展が＿＿＿＿＿＿ですが、

　　① ひらいたん　　② ひらかれたん　③ ひらかれだん　④ ひらいだん

4) とてもいいできだったと、専務にも＿＿＿＿＿＿。

　　① いいました　　　　　　　② いわれました

　　③ いわれましだ　　　　　　④ いわれました

5) 苦労は必ず＿＿＿＿＿＿んですね。

　　① みとめる　　② みとめれる　　③ みとめた　　④ みとめられる

3 次の韓国語を日本語の受身に直しなさい。

1) 뭔가 문제라도 있었나요?

＿＿＿＿＿＿＿＿＿＿＿＿＿＿＿＿＿＿＿＿＿＿＿＿＿＿＿＿＿＿。

2) 그래서 기쁜 나머지 뭔가 힘이 났습니다.

＿＿＿＿＿＿＿＿＿＿＿＿＿＿＿＿＿＿＿＿＿＿＿＿＿＿＿＿＿＿。

3) 이 건물은 200년 전에 세워졌습니다.

＿＿＿＿＿＿＿＿＿＿＿＿＿＿＿＿＿＿＿＿＿＿＿＿＿＿＿＿＿＿。

1. ○○○さんはバスとか地下鉄（ち か てつ）の中（なか）で物（もの）を盗（ぬす）まれたことがありますか。

2. ○○○さんは高校生（こうこうせい）のとき、先生（せんせい）に呼（よ）ばれたり、しかられたりしたことがありますか。

3. ○○○さんはご両親（りょうしん）に褒（ほ）められたことがありますか。

4. ○○○さんは会社（かいしゃ）の上司（じょうし）に小言（こごと）を言（い）われたことがありますか。

5. 誰（だれ）かに何（なに）かをされたら、すぐやりかえすほうですか。

■ 応用単語と表現（おうようたん ご　ひょうげん）

宿題（しゅくだい）を出（だ）す 숙제를 내다 | 成績（せいせき）が悪（わる）い 성적이 나쁘다 | 欠席（けっせき）をする 결석을 하다 | 遅刻（ちこく）をする 지각을 하다 | けんかをする 싸움을 하다 | うそをつく 거짓말을 하다

聞き取り・書き取り練習（き と　か と　れんしゅう）　★ 잘 듣고 다음의 공란을 일본어로 채워 봅시다.　 Track 68

イー（男）	昨日、社長に　　　　　　　んですよ。
林（男）	何か問題でも　　　　　んですよ。
イー（男）	いえ、問題ではなく、　　　　　　んです。
山田（女）	え、どんなことでですか。
イー（男）	先週、新製品展が　　　　　　　んですが、そこに出品した製品の評判がとても良かったと　　　　　　　ました。
山田（女）	そうですか。
イー（男）	とてもいいできだったと、専務にも　　　　　ました。
林（男）	良かったですね。
イー（男）	それで、うれしくて何か力が出（で）てきました。
山田（女）	あきらめないで　　　　　すれば、苦労は必ず　　　　んですね。
林（男）	これからも、　　　　くださいね。
イー（男）	ありがとうございます。さらに、　　　　　がんばります。

単語帳（たん ご ちょう）

ひどい 심하다, 지독하다 | すごく 대단히, 무척 | 頼（たの）む 부탁하다 | しかる 혼내다 | 書類（しょるい）서류 | 尊敬（そんけい）존경 | 所有物（しょゆうぶつ）소유물 | 若（わか）い女（おんな）젊은 여자 | 行（おこな）う 행하다 | たたく 때리다 | 泣（な）く 울다 | 盗（ぬす）む 훔치다 | 押（お）す 밀다 | 愛（あい）사랑 | 運（はこ）ぶ 운반하다(짐) | 助（たす）ける 도와주다 | 踏（ふ）む 밟다 | かむ 물다 | 招待（しょうたい）초대 | 付（つ）き合（あ）う 사귀다, 교제하다 | 恋人（こいびと）연인 | ふる 거절하다, 퇴짜 놓다 | 蜂（はち）벌 | 刺（さ）す 찌르다, 쏘다, 물다 | お寺（てら）절 | 飲（の）み会（かい）회식 | 部長（ぶちょう）부장 | お使（つか）い 심부름

171

日本文化
<ruby>日<rt>に</rt></ruby><ruby>本<rt>ほん</rt></ruby><ruby>文<rt>ぶん</rt></ruby><ruby>化<rt>か</rt></ruby>

전통여관(旅館)

일본에서 여관(旅館^{りょかん})이라고 하면 일본 전통식 숙박시설을 뜻한다. 현대 일본 사회에서 일본의 전통적인 운치를 느끼게 해 주는 장소로서 귀중한 존재라고 할 수 있다. 손님 접대 담당자는 방으로 안내하는 일 외에 이불 시중과 식사 제공 등을 객실에서 행한다. 그 때에는 손님의 요청을 듣고 주문을 받는 등 세세한 서비스를 행하는 것이 특징이다. 여관의 여성 관리자인 여주인(女将^{おかみ})이 손님에 대한 서비스와 영업상 중요한 역할을 담당하는 경우가 많다. 객실의 식탁에는 차 통에 든 차 잎과 차 주전자, 찻잔, 다타미 위 또는 탁자 위에 온수가 든 전기 포트와 보온병이 준비되어 있어 이용자가 직접 차를 타서 마실 수가 있다. 차 통, 차 주전자, 찻잔은 차 그릇에 수납되어 있으며 과자도 탁자 위에 준비되어 있는 경우가 많다.

이런 전통여관에서는 흔히 온천과 공동 목욕탕이 설비되어 있는데, 고급여관을 중심으로 각 방마다 실내 목욕탕 또는 노천탕을 설치해 자랑거리로 내세우는 곳도 생겨나게 되었다. 여관에서는 일반적으로 투숙객용 유카타(浴衣)가 객실 내에 준비되어 있다. 유카타는 복도와 연회장 등 여관 안에서 착용할 수 있는 것은 물론이고, 온천거리 같은 곳에서는 유카타 복장으로 외출도 가능하다. 전에는 여관 안에 목욕탕이 없어서 목욕을 하려면 공동목욕탕을 이용해야 했기 때문에, 온천거리에서 유카타 차림으로 거리를 걷는 모습은 흔히 볼 수 있는 풍경이었다. 현재는 여관의 홍보용뿐 아니라 온천지의 온천가 정서 함양에도 큰 역할을 한다. 이는 객실에서 한 발자국만 나가는 데에도 외출용 복장을 요하는 서양식 호텔과는 다른 점이다. 온천가의 여관에서는 유카타를 입고 외출하는 숙박객을 위해 게타(일본식 나막신)와 일본 전통 우산도 대여해 주고 있다.

だいじゅうろっか
第16課

じつ　　　　　　　　ぬす
実はさいふを盗まれたんです。

じゅうよう
重要ポイント

1. ～れる／～られる ー 迷惑受身(2)
2. ～れる／～られる ー 中立受身(3)
3. ～は～によって／～から(で) ー 受身(4)

ダイアローグ<ruby>単語<rt>たん ご</rt></ruby>

①

スリ
소매치기

②

<ruby>財布<rt>さい ふ</rt></ruby>
지갑

③

<ruby>盗<rt>ぬす</rt></ruby>む
훔치다

④

<ruby>歩<rt>ある</rt></ruby>く
걷다

⑤

<ruby>取<rt>と</rt></ruby>る
집다

⑥ <ruby>翌日<rt>よ く じ つ</rt></ruby> : 다음날

⑦ うちに : ～(하)는 동안에

⑧ する : 소매치기하다

⑨ ショック : 충격

⑩ おまけに : 게다가

⑪ だるい : 나른하다

ダイアローグ

 Track 69

〈学校の教室で〉

田中　どうしたんですか。パクさん、元気がないですね。

パク　実は　昨日、財布を盗まれたんです。

田中　えっ、どこで盗まれたんですか。

パク　デパートです。歩いているうちに、財布をすられて……。

田中　いくら、取られたんですか。

パク　アルバイト代、全部なんです。

田中　ショックですね。

パク　おまけに帰りには雨に降られて、風邪をひいてしまいました。

田中　だいじょうぶですか。

パク　ちょっと体がだるいです。

田中　無理をしないで、今日は早く休んで、元気を出してくださいね。

重要文法と表現

1. 間接受身 ― 迷惑受身（２）

間接受身는 主語가 第三者의 動作을 間接的으로 받아 被害의 感情을 느끼는 受身表現이다.

- 一晩中隣の人に騒がれた。
- ラブレターを母に読まれてしまって、はずかしかったです。
- とっておいたケーキを妹に食べられてしまいました。

2. 受身の意味比較

1) 他人의 行動에 의해 不便을 겪게 되었을 경우 受身 文章을 써서 不満이나 迷惑의 意味를 나타낼 수 있다. 'A의 能動態 문장'과 'B의 受動態 문장'을 比較해 보면 感情 차이가 確実히 나타난다.

　　A. 友だちが遊びに来ました。

　　B. (私は)友だちに遊びに来られました。

2) 受身 文章이 愉快하지 않은 일을 당했을 때 쓰는 데에 반해, 좋은 意味로 받았을 경우에는 「～てもらう」表現을 使用한다.

　　A. 私は友だちに手紙を読まれました。

　　B. 私は友だちに手紙を読んでもらいました。

3. ～れる／～られる ― 受身（３）

一般的으로 알려져 있는 것을 「受身」를 使用해 말하는 用法.

1) 「物／人」은 「人」에 「動詞 ＋（ら）れる」

- 聖書は世界中の人に読まれています。
- キムチは韓国の人によく食べられています。

2) 「場所」で「名詞」が「動詞 ＋ (ら)れる」

- いろいろな国で英語が話されています。
- 世界で韓国のキムチが注目されています。

4. ～れる／～られる ― 受身（4）

1) ～によって ＋ 動詞 ＋ (ら)れる

一般的으로 알려져 있는 것 중 著名人 또는 行為者가 누구인가를 強調하고 싶을 때에도 使用된다.

- アメリカはコロンブスによって発見されました。
- 飛行機はライト兄弟によって発明されました。
- 電球はエジソンによって発明されました。
- 奈良の大仏は昔の天皇によって建てられました。

2) ～から／で ＋ 動詞 ＋ (ら)れる

物의 原料나 材料를 말할 때는 보통 受身를 使用한다.

- このお寺は木で作られています。
- チーズは牛乳から作られます。
- ビールは麦から作られています。

- ＊「～から」는 原料와 完成된 物의 形가 완전히 바뀌는 것에, 「～で」는 原形을 알 수 있는 것에 使用한다.

5. 기타

수동태 중에는 좋고 나쁜 의미 없이 중립적인 의미로 쓰이는 경우가 많다.

- 私は友だちにいい居酒屋を紹介されました。
- セジョン大王は韓国人に尊敬されています。

文型練習

1 例のように練習をしてみましょう。 Track 70

例

雨が降る／困る

→ 私は昨日、雨に降られて、困りました。

①

父が死ぬ／ショックをうけた

→ 私は去年、_____。

②

学生が騒ぐ／困る

→ 私は今日、テストの時_____。

③

子供が泣く／大変だった

→ 私は一晩中_____、_____。

④

友だちが来る／勉強ができなかった

→ 私は、昨日_____。

⑤

先生が辞める／困っている

→ 塾では急に_____、_____。

178

2 例のように練習をしてみましょう。 Track 71

昔の天皇が奈良の大仏を建てました。
→ 奈良の大仏は昔の天皇によって建てられました。

①
ピカソがこの絵を描きました。

→ ＿＿＿＿＿＿＿＿＿＿＿＿＿＿＿＿＿＿＿＿＿。

②
昔、韓国のお坊さんがこのお寺を建てました。

→ ＿＿＿＿＿＿＿＿＿＿＿＿＿＿＿＿＿＿＿＿＿。

③
木から紙を作ります。

→ ＿＿＿＿＿＿＿＿＿＿＿＿＿＿＿＿＿＿＿＿＿。

④
お米からお酒を作ります。

→ ＿＿＿＿＿＿＿＿＿＿＿＿＿＿＿＿＿＿＿＿＿。

⑤
セジョン大王がハングルを創りました。

→ ＿＿＿＿＿＿＿＿＿＿＿＿＿＿＿＿＿＿＿＿＿。

練習問題

1 次の漢字の読み仮名を書きなさい。

1) 製品 : _____　2) 一晩中 : _____　3) 騒ぐ : _____

4 大仏 : _____　5) 天皇 : _____　6) 居酒屋 : _____

2 下線に一番適当なものを一つ選びなさい。

1) 実は 昨日、さいふを_____んです。

① ぬすた　　　② ぬすまれた　③ ぬすまられた　④ ぬすった

2) 歩いているうちに、さいふを_____……。

① すれて　　　② すれって　　③ すられて　　④ すられって

3) おまけに帰りには雨に_____、かぜをひいてしまいました。

① ふって　　　② ふられで　　③ ふった　　　④ ふられて

4) ちょっと体が_____です。

① だるい　　　② だるま　　　③ たるい　　　④ だろい

5) 元気を_____くださいね。

① でて　　　　② だして　　　③ だしで　　　④ たして

3 次の韓国語を日本語に直しなさい。

1) 얼마 빼앗겼습니까?

　_____。

2) 전구는 에디슨에 의해서 발명되었습니다.

　_____。

3) 치즈는 우유에서 만들어집니다.

　_____。

応用会話

★ 처음에는 교과서를 보고 하고 두 번째는 교과서를 덮고 연습해 봅시다.

1. だれかに何かをされて困ったことはありませんか。

   それについてみんなで話し合ってみましょう。

2. ビールは何から作られますか。

3. 紙は何から作られますか。

4. バターは何から作られますか。

5. 独身の人：あなたはどんな言葉を使ってプロポーズをしたい（されたい）ですか。

   結婚している人：あなたはどんな言葉を使ってプロポーズされましたか。

■ 応用単語と表現

吐(は)きそうだ 토할 것 같다 | 作(つく)られる 만들어지다 | プロポーズされる 프러포즈를 받다

聞き取り・書き取り練習

★ 잘 듣고 다음의 공란을 일본어로 채워 봅시다.   Track 72

田中（男）	どうしたんですか。パクさん、元気がないですね。
パク（女）	実は　昨日、さいふを＿＿＿＿＿んです。
田中（男）	えっ、どこで＿＿＿＿＿んですか
パク（女）	デパートです。歩いているうちに、さいふを＿＿＿＿＿……。
田中（男）	いくら、＿＿＿＿＿んですか。
パク（女）	アルバイト代、全部なんです。
田中（男）	＿＿＿＿＿ですね。
パク（女）	おまけに帰りには雨に＿＿＿＿＿、かぜをひいてしまいました。
田中（男）	だいじょうぶですか。
パク（女）	ちょっと体が＿＿＿＿＿です。
田中（男）	無理をしないで、今日は早く休んで、元気を＿＿＿＿＿くださいね。

単語帳

一晩中(ひとばんじゅう) 밤새도록 | 騒(さわ)ぐ 떠들다 | 世界中(せかいじゅう) 전세계 | 注目(ちゅうもく) 주목 | 発見(はっけん) 발견 | 電球
(でんきゅう) 전구 | 大仏(だいぶつ) 큰불상 | 麦(むぎ) 보리 | 尊敬(そんけい) 존경 | 騒(さわ)ぐ 떠들다 | 聖書(せいしょ) 성경 | コロンブス
콜럼버스 | ライト 라이트(형제) | エジソン 에디슨 | 天皇(てんのう) 천황 | お寺(てら) 절 | セジョン大王(だいおう) 세종대왕 | 僧(そう)
중. 스님 | 造(つく)る 제작하다, 제조하다 | 創(つく)る 창조하다(만들다) | おぼうさん 스님

181

日本文化
にほんぶんか

골든위크 (ゴールデンウィーク)

골든위크(Golden Week)란 일본에서 매년 4월 말부터 5월 초에 걸쳐 국경일이 많은 기간을 말한다. 황금주간, 대형연휴라고도 하며 GW라고 줄여 쓰는 경우도 있다. 말끝이 '위크(週間)'인 것처럼 본래는 4월 29일부터 5월 5일 까지 7일간을 가리키는데, 그 직전과 직후에 토요일, 일요일, 대체 휴일(振替休日)이 있을 경우 그것들을 포함해서 부르는 경우가 많 다.

이 기간이 4월 29일(昭和의 날, 1988년까지는 천황탄신일, 2006 년까지는 みどりの日)·5월 3일(憲法記念日)·5월 4일(みどり 의 날, 1988년부터 2006년까지는 일요일·월요일 이외면 국민 휴 일)·5월 5일(어린이날)이 국민축일(2006년까지 5월 4일 제외)이 고 5월 1일이 메이데이(노동절)이기 때문에 쉬는 회사도 적지 않아 서 가운데 평일을 쉬게 하면 장기 휴일이 되 기 쉽다.

한편, 경축일법의 개정에 따라 가을에도 '경로의 날(敬老の日)'이 9월 넷째주 해피먼데이 대상이 되어서 '추분의 날(秋分の日)'과 하루 이틀 사이에 놓이게 되는 경우가 생기는데, 이 경우 대형연휴가 될 가능성이 높다. 9월 23일 수요일이 추분이 되는 2009년이 그 첫해였는데, 이를 '가을 골든위크' 또는 '실버위크'라고 부르기도 한다. 그 후에 는 2015년·2026년이 이에 해당될 것으로 예측되고 있다.

17

<ruby>第<rt>だいじゅうなな</rt>17<rt></rt>課<rt>か</rt></ruby>

第 17 課

<ruby>座<rt>すわ</rt></ruby>らせたり、ジャンプさせたりします。

<ruby>重要<rt>じゅうよう</rt></ruby>ポイント

<ruby>使役形<rt>しえきけい</rt></ruby>

ダイアローグ<ruby>単語<rt>たん ご</rt></ruby>

①

キャンパス
캠퍼스, 대학구내, 교정

②

ニンテンドーDS
닌텐도 DS

③

<ruby>育<rt>そだ</rt></ruby>てる
기르다, 양성하다

④

ペット
애완동물

⑤

ジャンプ
점프, 도약

⑥

<ruby>注<rt>そそ</rt></ruby>ぐ
(물 등을) 붓다, 주다

⑦ **<ruby>最初<rt>さいしょ</rt></ruby>** : 최초

⑧ **<ruby>飼<rt>か</rt>い<ruby>主<rt>ぬし</rt></ruby>** : 가축이나 애완동물을 기르는 사람(주인)

⑨ **<ruby>家出<rt>いえ で</rt></ruby>** : 가출

⑩ **<ruby>本物<rt>ほんもの</rt></ruby>** : 진짜, 가짜가 아닌 것

⑪ **<ruby>同<rt>おな</rt></ruby>じ** : 같음, 동일함

⑫ **いけない** : 좋지 않다, 나쁘다

ダイアローグ

 Track 73

〈キャンパスで〉

パク　中村さん、何をしているんですか。

中村　ニンテンドーDSです。

パク　どんなゲームですか。

中村　ペットを育てるゲームです。

パク　あ、かわいい犬ですね。

中村　最初に、名前を呼んで、自分の名前を覚えさせるんです。

パク　へー。

中村　それから、座らせたり、ジャンプさせたりします。

パク　いろいろ教えないといけないんですね。

中村　ご飯を食べさせたり、散歩させたりしないと、飼い主が嫌

　　　になって、家出するらしいんです。

パク　本物と同じで、やっぱり、愛を注がないといけないんですね。

重要文法と表現

1. 〜(さ)せる(使役形) 〜하게 하다(시키다)

남에게 무언가를 시킨다는 表現을 「使役」이라고 한다. 그러나 「使役」에는 '〜을 시키다'란 「指示」의 意味 외에 「許可(放任)」나 「原因」의 意味로도 使用되며 다음과 같이 変換한다. 活用은 다음과 같다.

1) 1グループ「u동사(5段動詞)」: 語尾「う段」을 「あ段」으로 바꾸고 + せる

買	わ	せる
	い	
	う	
	え	
	お	

待	た	せる
	ち	
	つ	
	て	
	と	

読	ま	せる
	み	
	む	
	め	
	も	

行	か	せる
	き	
	く	
	け	
	こ	

急	が	せる
	ぎ	
	ぐ	
	げ	
	ご	

話	さ	せる
	し	
	す	
	せ	
	そ	

遊	ば	せる
	び	
	ぶ	
	べ	
	ぼ	

取	ら	せる
	り	
	る	
	れ	
	ろ	

死	な	せる
	に	
	ぬ	
	ね	
	の	

＊注意 : 「う」로 끝나는 動詞의 「使役」은 「〜あせる」가 아니라 「〜わせる」가 된다.

2) 2グループ「ru동사(1段動詞)」: 語尾「る」를 지우고 「させる」 붙인다.

語幹	語尾	＋
食べ	る	させる

語幹	語尾	＋
覚え	る	させる

語幹	語尾	＋
い	る	させる

3) 3グループ「불규칙 동사」

する	させる
くる	こさせる

4) 〜させる（他動詞）

「人」は「人」に〜を動詞 ＋（さ）せる

- 教授は学生にレポートを出させる。(指示)
- 母は子供ににんじんを食べさせる。(指示)
- 母は子供に漫画を読ませる。(許可)
- 母は娘にビデオを見させる。(許可)

5) 〜させる（自動詞）

「人」を動詞 ＋（さ）せる ／「人」は「人」を〜に動詞 ＋（さ）せる

- 監督は選手を走らせた。(指示)
- 母は子供を日本で勉強させます。(許可)
- 母は遊び場で夜遅くまで息子を遊ばせた。(許可)
- 私は結婚記念日を忘れて妻を怒らせてしまった。(原因)

文型練習

1 例のように練習をしてみましょう。　Track 74

例

子供が野菜を食べた。

→ 母親は子供に野菜を食べさせました。

①

息子が薬を飲んだ。

→ 母親は＿＿＿＿＿＿＿＿＿＿＿＿＿＿＿＿＿＿＿＿＿＿＿。

②

学生が日本語の文章を読んだ。

→ 先生は＿＿＿＿＿＿＿＿＿＿＿＿＿＿＿＿＿＿＿＿＿＿＿。

③

学生が日記をつけた。

→ 先生は＿＿＿＿＿＿＿＿＿＿＿＿＿＿＿＿＿＿＿＿＿＿＿。

④

田中さんがごみを捨てた。

→ 隣の人は＿＿＿＿＿＿＿＿＿＿＿＿＿＿＿＿＿＿＿＿＿＿。

⑤

浅田さんが食器を洗った。

→ 店長は＿＿＿＿＿＿＿＿＿＿＿＿＿＿＿＿＿＿＿＿＿＿＿。

2 例のように練習をしてみましょう。 Track 75

うそをつきます。先生は怒りました。

→ パクさんはうそをついて、先生を怒らせました。

---

①

家出をしました。親は心配しました。

→ 佐々木さんは＿＿＿＿＿＿＿＿＿＿＿＿＿。

---

②

おもしろいことを言います。皆は笑います。

→ お笑いタレントは＿＿＿＿＿＿＿＿＿＿＿。

---

③

急に入ってきました。おいはびっくりしました。

→ セヘさんは＿＿＿＿＿＿＿＿＿＿＿＿＿。

---

④

宝くじに当たりました。皆は驚きました。

→ 金さんは＿＿＿＿＿＿＿＿＿＿＿＿＿＿。

---

⑤

期末テストで100点をとりました。親は喜びました。

→ 私は＿＿＿＿＿＿＿＿＿＿＿＿＿＿＿。

1 次の漢字の読み仮名を書きなさい。

1) 育てる ：_____ 　　 2) 最初 ：_____ 　　 3) 飼い主 ：_____

4) 家出 　：_____ 　　 5) 本物 ：_____ 　　 6) 注ぐ 　：_____

2 下線に一番適当なものを一つ選びなさい。

1) _____で、ニンテンドーDSをしている

　① ケーパス 　　 ② キャンパスー ③ ケンパース 　 ④ キャンパス

2) どんな_____ですか。

　① ゲイム 　　 ② ゲームー 　　 ③ ゲーム 　　 ④ ゲムー

3) それから、_____たり、ジャンプさせたりします。

　① すわっ 　　 ② すわらせ 　　 ③ すわせ 　　 ④ すわり

4) 自分の名前を_____んです。

　① おぼえさせる 　② おぼえ 　　 ③ おぼえせる 　 ④ おぼえられ

5) 愛を_____ないといけないんですね。

　① そそげ 　　 ② そそが 　　 ③ そぞげ 　　 ④ そぞが

3 次の韓国語を日本語に直しなさい。

1) 애완용 동물을 기르는 게임입니다.

　_____。

2) 여러 가지 가르치지 않으면 안 되겠군요.

　_____。

3) 밥을 먹게 하거나 산책을 시키지 않으면 주인이 싫어져서 가출을 하는 것 같습니다.

　_____。

応用会話
おうようかい わ

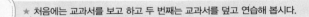

★ 처음에는 교과서를 보고 하고 두 번째는 교과서를 덮고 연습해 봅시다.

1. ○○○さんは周りの人を驚かせたことがありますか。
   まわ　　ひと　おどろ

2. ○○○さんは家出をして親を心配させたことがありますか。
   いえで　　おや　しんぱい

3. ○○○さんは幼いとき、野菜がすきでしたか。どんな野菜が嫌いでしたか。
   おさな　　　や さい　　　　　　　　や さい　きら

   お母さんは○○○さんにその野菜を無理に食べさせましたか。
   かあ　　　　　　　　　　や さい　むり　た

   ○○○さんはそれを食べましたか。
   た

4. ○○○さんは自分の子供にどんなことをさせたいですか。(させていますか。)
   じ ぶん　こ ども

■ 応用単語と表現
おうようたん ご　ひょうげん

周(まわ)りの人(ひと) 주변 사람 | 幼(おさな)いとき 어렸을 때 | 行(い)かせる 가게 하다 | どんなことをさせたいですか。어떤 것을 시키고 싶습니까? | 楽器(がっき) 악기 | 運動(うんどう) 운동 | 旅行(りょこう) 여행 | 留学(りゅうがく) 유학 | 音楽(おんがく) 음악 | 美術(びじゅつ) 미술 | 本(ほん)を読(よ)ませる 책을 읽게 하다 | ピアノ 피아노 | チェロ 첼로 | バイオリン 바이올린 | ギター 기타 | フィギュアスケート 피겨스케이트 | 運動(うんどう)(スポーツ) 운동(스포츠) | バレー 발레 | 野球(やきゅう) 야구 | サッカー 축구 | 剣道(けんどう) 검도 | 柔道(じゅうどう) 유도 | 水泳(すいえい) 수영 | ダンス 댄스 | ボーリング 볼링 | 相撲(すもう) 씨름 | スキー 스키

聞き取り・書き取り練習
き と　　か と　れんしゅう

★ 잘 듣고 다음의 공란을 일본어로 채워 봅시다.　🔊 Track 76

パク(女)	中村さん、何をしているんですか。
中村(女)	_____ DS です。
パク(女)	どんな _____ ですか。
中村(女)	_____ を育てる _____ です。
パク(女)	あ、_____ 犬ですね。
中村(女)	_____ に、名前を呼んで、自分の名前を _____ んです。
パク(女)	へー。
中村(女)	それから、_____ たり、_____ させたりします。
パク(女)	いろいろ教えないと _____ ですね。
中村(女)	ご飯を _____、_____ しないと、_____ が嫌になって、家出するらしいんです。
パク(女)	本物と同じで、やっぱり、愛を _____ ないといけないんですね。

単語帳
たん ご ちょう

レポート 리포트 | 娘(むすめ) 딸 | 遊(あそ)び場(ば) 놀이터 | 息子(むすこ) 아들 | 怒(おこ)る 화내다 | 母親(ははおや) 어머니 | 食器(しょっき) 식기 | 親(おや) 부모님 | 心配(しんぱい) 걱정 | お笑(わら)いタレント 개그맨 | おい 조카(남자) | びっくりする 놀라다 | 宝(たから)くじ 복권 | 当(あ)たる 맞다, 당첨되다 | 驚(おどろ)く 놀라다, 경악하다 | 期末(きまつ) 기말

191

日本文化

東京都地下鉄

　도쿄지하철 주식회사(Tokyo Metro Co.,Ltd.)는 도쿄도의 특별구(도쿄 23구)가 있는 구역 및 그 부근을 달리는 지하철 노선을 운영하는 철도회사이다. 애칭은 '도쿄 메트로'이다. 도쿄의 지하철 노선 중 긴자선(銀座線) 등 9개의 노선(2008년 6월 현재)을 운영하고 있으며 도쿄 도내 외에 일부 사이타마 현(埼玉県)과 치바 현(千葉県)에도 역이 있다. 자사 차량의 주행 범위는 도쿄도 외에 사이타마 현·치바 현·가나가와 현·이바라키 현의 1도(都) 4현(県)에 이른다.

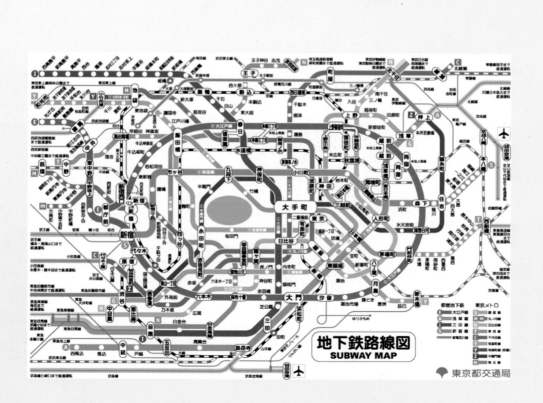

192

18

だいじゅうはっか
第18課

ふつか　　　　　　　やす
2日ほど　休ませていただけませんか。

じゅうよう
重要ポイント

しえきけい　　　けい
1. 使役形のて形 ＋ ください
しえきけい　　　けい
2. 使役形のて形 ＋ いただけませんか
しえきけい　　　　けい
3. 使役形のない形 ＋ でください

ダイアローグ単語

①

部長
부장

②

実は
실은, 사실은

③ **取らせる** : 받도록 하다, 가지게 하다

④ **2日ほど** : 이틀 정도

⑤ **ゆっくり** : 충분히, 여유 있게, 천천히

⑥ **親孝行** : 효도(함), 효행

ダイアローグ

 Track 77

〈部長室で〉

チェ　部長、今よろしいでしょうか。

部長　ええ、どうぞ。

チェ　ちょっと、お願いがあるんですが……。

部長　何ですか。

チェ　実は、来月　韓国の両親が日本に来るんです。

部長　そうですか。

チェ　それで、ちょっと　休みを取らせていただきたいんですが……。

部長　来月のいつですか。

チェ　5日から　2日ほど　休ませていただけませんか。

部長　わかりました。ゆっくり、親孝行してあげてください。

チェ　すみません。では、5日と6日、休ませてください。

1. 許可を求める丁寧な表現
きょ か もと ていねい ひょうげん

1) 使役形の「て形」+ ください : ～하게 해 주세요
し えきけい けい

使役表現에 依頼表現「ください」를 接続해서 許可를 구하는 意味를 나타낸다.
し えきひょうげん い らいひょうげん せつぞく きょ か い み

- その仕事はぜひ私にやらせてください。
  し ごと

- いつもお世話になっていますので、ここは、私に払わせてください。
  せ わ はら

- 部長、今度の出張はぜひ、私に行かせてください。
  ぶ ちょう こん ど しゅっちょう わたし い

2) 使役形の「て形」+ いただけませんか : ～하게 해 주시(지 않)겠습니까?
し えきけい けい

「～(さ)せてください」、「～てもいいですか」의 정중표현이다.

- その件については、もう少し考えさせていただけませんか。
  けん すこ かんが

- 今度の日韓交流に、私を参加させていただけませんか。
  こん ど にっかんこうりゅう わたし さん か

- すみませんが、ここで手を洗わせていただけませんか。
  て あら

3) 使役形の「ない形」+ でください : ～하지 않게 해 주세요
し えきけい けい

相手에 의해서 내가 뭔가를 하게 되는 原因이 되기 때문에, 그 原因이 되는 것을 그만두도록 부탁
あい て げんいん げんいん
하는 意味를 나타낸다.
い み

- お腹が痛くなるので、これ以上、私を笑わせないでください。
  なか いた い じょう わたし わら

- もう、あなたのことで泣きたくないので、私を泣かせないでください。
  わたし な

- これ以上、私を寂しくさせないでください。
  い じょう わたし さび

1 例のように練習をしてみましょう。　Track 78

例　一人で行ってもいいですか。
→　一人で行かせてください。

① 授業を見学してもいいですか。

→ _____。

② 今日は私が払ってもいいですか。

→ _____。

③ 何か手伝ってもいいですか。

→ _____。

④ 先にお風呂に入ってもいいですか。

→ _____。

⑤ 荷物を社員が持ってもいいですか。

→ _____。

⑥ 意見を言ってもいいですか。

→ _____。

⑦ 写真を撮ってもいいですか。

→ _____。

⑧ 先生、私が答えてもいいですか。

→ _____。

⑨ 私がくじを引いてもいいですか。

→ _____。

⑩ この服、試着してもいいですか。

→ _____。

2 例のように練習をしてみましょう。 🎧 Track 79

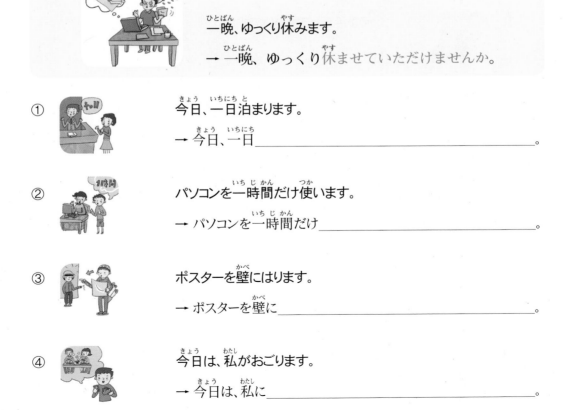

例

一晩、ゆっくり休みます。

→ 一晩、ゆっくり休ませていただけませんか。

① 今日、一日泊まります。

→ 今日、一日_____。

② パソコンを一時間だけ使います。

→ パソコンを一時間だけ_____。

③ ポスターを壁にはります。

→ ポスターを壁に_____。

④ 今日は、私がおごります。

→ 今日は、私に_____。

⑤ もう少し考えます。

　　→ もう少し＿＿＿＿＿＿＿＿＿＿＿＿＿＿＿＿＿＿＿＿＿＿＿。

3 例のように練習をしてみましょう。　🎧 Track 80

> 例1　私／笑う。
>
> 　→ これ以上、私を笑わせないでください。

① 日曜日／仕事をする

　→ 日曜日に＿＿＿＿＿＿＿＿＿＿＿＿＿＿＿＿＿＿＿＿＿＿＿。

② おじいさん／驚く

　→ おじいさんを＿＿＿＿＿＿＿＿＿＿＿＿＿＿＿＿＿＿＿＿＿。

③ 子供／泣く

　→ 子供を＿＿＿＿＿＿＿＿＿＿＿＿＿＿＿＿＿＿＿＿＿＿＿。

④ 私／がっかりする

　→ 私を＿＿＿＿＿＿＿＿＿＿＿＿＿＿＿＿＿＿＿＿＿＿＿。

⑤ 人の前／歌う

　→ 人の前で＿＿＿＿＿＿＿＿＿＿＿＿＿＿＿＿＿＿＿＿＿。

1 次の漢字の読み仮名を書きなさい。

1) 部長 : _____ 2) 実は : _____ 3) 取らせる : _____

4) 親孝行 : _____ 5) 試着 : _____ 6) 壁 : _____

2 下線に一番適当なものを一つ選びなさい。

1) 部長、今日は早く_____ください。

① かえらせて　② がえらせて　③ かえさせて　④ がえさせて

2) 一晩ゆっくり、_____いただけませんか。

① やすませた　② やすまさせて　③ やすみせて　④ やすませて

3) この件については、もう少し_____いただけませんか。

① かんがえさせて　　　　② がんがえさせて

③ かんがえされて　　　　④ がんがえされて

4) お腹が痛くなるので、これ以上、私を_____ください。

① わらわせないて　　　　② わらわせないで

③ わらあせないで　　　　④ わらあせないて

5) その件については、もう少し_____いただけますか。

① かんかえさせて　　　　② かんがえさせて

③ がんかえさせて　　　　④ かんがえさせで

3 次の韓国語を日本語に直しなさい。

1) 그래서 좀 휴가를 받고 싶습니다만.

_____。

2) 5일부터 이틀 간 정도 휴가를 받을 수 없겠습니까?

_____。

3) 충분히 효도하세요.

_____。

応用会話 _(おうようかいわ)

★ 처음에는 교과서를 보고 하고 두 번째는 교과서를 덮고 연습해 봅시다.

1. ○○○さん、休(やす)みがほしいとき、どのようにお願(ねが)いしたらいいでしょうか。

2. ○○○さんは、歌(うた)が上手(じょうず)ですか。会社(かいしゃ)の宴会(えんかい)のときにはどうしますか。

3. ○○○さんは会社(かいしゃ)で、「私(わたし)にやらせてください」と言(い)うほうですか。

4. ○○○さんは、よく人(ひと)を笑(わら)わせるタイプですか。

5. ○○○さんは、小(ちい)さい子供(こども)に留学(りゅうがく)するため、外国(がいこく)に行(い)かせることをどう思(おも)いますか。

6. ○○○さんは、小(ちい)さいときから塾(じゅく)に通(かよ)わせることをどう思(おも)いますか。

■ 応用単語と表現 _(おうようたんご ひょうげん)

宴会(えんかい) 연회, 잔치, 회식 | はやすぎる 너무 빠르다 | 面白(おもしろ)い人(ひと) 재미있는 사람 | 内気(うちき)な人(ひと) 내성적인 사람 | 活発(かっぱつ)な人(ひと) 활발한 사람 | 教育(きょういく)ママ 교육열이 높은 엄마 | 浪人(ろうにん) 재수 | 予備校(よびこう) 입시학원 | アイデンティティ 정체성, 주체성 | 塾(じゅく) 사설학교(입시학원)

 ## 聞き取り・書き取り練習 _(ききとり かきとり れんしゅう)

★ 잘 듣고 다음의 공란을 일본어로 채워 봅시다. Track 81

チェ(女)	部長、今よろしいでしょうか。
部長(男)	ええ、どうぞ。
チェ(女)	ちょっと、＿＿＿＿＿＿ですが……。
部長(男)	何ですか。
チェ(女)	実は、来月　韓国の両親が＿＿＿＿＿です。
部長(男)	そうですか。
チェ(女)	それで、ちょっと＿＿＿＿＿＿＿いただきたいんですが……。
部長(男)	来月のいつですか。
チェ(女)	５日から　２日ほど＿＿＿＿＿いただけませんか。
部長(男)	わかりました。ゆっくり、＿＿＿＿＿してあげてください。
チェ(女)	すみません。では、５日と６日、＿＿＿＿＿ください。

単語帳 _(たんごちょう)

お世話(せわ)になる 신세를 지다, 폐를 끼치다 | 出張(しゅっちょう) 출장 | その件(けん) 그 건 | 日韓交流(にっかんこうりゅう) 한일교류 | 見学(けんがく) 견학 | 先(さき)に 먼저 | 社員(しゃいん) 사원 | 意見(いけん) 의견 | くじを引(ひ)く 제비를 뽑다, 추첨하다 | 試着(しちゃく) 옷을 살 때 입어보는 것 | 壁(かべ)にはる 벽에 붙이다 | ポスター 포스터 | がっかりする 실망하다, 낙담하다, 맥이 풀리다

日本文化

아사쿠사 (浅草)

　아사쿠사(浅草)는 도쿄도 히가시구(東区)의 한 지역이다. 아사쿠사는 1가(丁目)에서 7가(丁目)까지가 있다. 에도시대(江戸時代) 이전부터 도쿄에서 유일한 번화가로 번성했다. 관동대지진 때에는 거의 화재로 소실되었고 제2차 세계대전 당시에는 거의 궤멸될 정도의 피해를 당했지만, 그때마다 소생하여 활력을 되찾으면서 눈부신 발전을 이루어 왔다. 고도경제성장기 이후에는 도쿄 순환 전철인 야마노테선(山手線) 상에 있는 이케부쿠로(池袋), 신주쿠(新宿), 시부야(渋谷) 등이 발전함에 따라 도쿄도가 제정한 부도심(7개소)으로서 우에노(上野)와 함께 우에노·아사쿠사 부도심을 형성하였다. 현재에도 에도의 정서를 느끼게 하는 거리로 유명하다.

　인근에는 조리기구 등의 음식점 관련 용품을 취급하는 갓파바시(合羽橋) 도구 거리 등 특수한 상점가 등도 존재한다. 도쿄도 내 최고의 사원인 센소지(浅草寺)와 센소지 경내에 있는 신사인 아사쿠사진자(浅草神社)가 있으며 센소지 정문인 가미나리몬(雷門)은 옛날부터 아사쿠사 지역의 랜드마크로 알려져 있다. 매년 7월 마지막 주 토요일에는 스미다가와(隅田川)를 따라 아사쿠사, 무코지마(向島) 주변의 하천에서 이루어지는 불꽃놀이 대회인 스미다가와 하나비 타이카이(隅田川花火大会)로 인산인해를 이룬다. 이 불꽃놀이는 매년 8월에 개최되는 東京湾大華火祭와 神宮外苑花火大会와 함께 도쿄 3대 불꽃놀이(花火大会)로 손꼽힌다.

<ruby>第 19 課<rt>だいじゅうきゅう か</rt></ruby>

こちら<ruby>こそ<rt></rt></ruby>お<ruby>世話<rt>せ わ</rt></ruby>になっています。

<ruby>重要<rt>じゅうよう</rt></ruby>ポイント

1. <ruby>尊敬表現<rt>そんけいひょうげん</rt></ruby>
2. <ruby>謙譲表現<rt>けんじょうひょうげん</rt></ruby>
3. <ruby>丁寧表現<rt>ていねいひょうげん</rt></ruby>

ダイアローグ単語

①

申し訳ございません
죄송합니다

②

ミュージカル
뮤지컬

③

楽しみにする
기대하고 있다

④ **申す** : 言うの 겸양어. ～라고 하다

⑤ **いらっしゃる** : いる의 존경어. 계시다

⑥ **おる** : いる의 겸양어. 있다

⑦ **様** : 님

⑧ **いえいえ** 아니오, 아니오

⑨ **以前** : 이전

⑩ **申し上げる** : 言うの 겸양어. (윗사람에게) 아뢰다, 말씀해 드리다

⑪ **本日** : 今日의 정중표현. 오늘, 금일

⑫ **入手** : 입수

⑬ **いたす** : する의 겸양어. 하다

⑭ **後日** : 후일

⑮ **改めて** : 다시, 새삼

ダイアローグ

〈家で〉

パク もしもし、私、パク・チヨンと申しますが、裕さんはいらっしゃいますか。

田中の母 あ、パクさん。申し訳ございません。

裕は今おりませんが……。

パク あ、お母様ですか。いつも、裕さんにお世話になっています。

田中の母 いえいえ、こちらこそお世話になっています。

パク お母様、以前申し上げたミュージカルのチケットのことですが、本日、入手いたしました。

田中の母 ああ、そうですか。

パク 本日お送りしますので、2、3日、お待ちください。

田中の母 わかりました。楽しみにしております。

パク それでは、後日改めて、お電話いたします。

裕さんにも、よろしくお伝えください。

田中の母 はい、どうもありがとうございました。

重要文法と表現

1. 敬語表現

1) 尊敬語 : 상대방을 높이는 표현

말하는 사람이 화제 속 인물에 대해서 경의를 표하기 위한 표현.

① 付加形式 : 〜(하)시다, 〜(하)십시오

お（ご）	動詞のます形	になる
お（ご）	動詞のます形	ください

- 先生はもうお帰りになりました。

- 田中さんは先月会社をお辞めになりました。

- 宅配でお送りください。

② 自立形式(특별동사)

普通語	韓国語	尊敬語	韓国語
行く／来る／いる	가다/오다/있다	いらっしゃる おいでになる	가시다/오시다/계시다
言う	말하다	おっしゃる	말씀하시다
食べる／飲む	먹다/마시다	召し上がる	드시다
見る	보다	ご覧になる	보시다
寝る	자다	お休みになる	쉬시다, 주무시다
着る	입다	お召しになる	입으시다
知る	알다	ご存じだ	아시다
くれる	주다	くださる	주시다
する	하다	なさる	하시다

- いらっしゃいませ!

- ごゆっくり召し上がってください。

- 先生がさっき何とおっしゃいましたか。

- 昨日はぐっすりお休みになりましたか。

2) 謙譲語 : 자신을 낮춤으로써 상대를 높이는 표현

말하는 사람이 상대방에 대해서 자기 자신이나 화제의 인물의 행동을 낮추어서 하는 표현.

① 付加形式

お（ご）	動詞のます形	する
お（ご）	動詞のます形	いたす

- 明日東京駅でお待ちしております。
- 皆さんにお知らせしたいことがあります。
- このかさ、お返しいたします。
- 後程ご連絡いたします。

② 自立形式(특별동사)

普通語	韓国語	尊譲語	韓国語
行く／来る	가다/오다	参る	가다/오다
いる/ある	있다	おる	있다
言う	말하다	申す／申し上げる	여쭙다/말씀드리다
食べる／飲む	먹다/마시다	いただく	먹다/마시다
もらう	받다	いただく	윗사람에게 받다
あげる	주다	さしあげる	윗분에게 드리다
見る	보다	拝見する	삼가 보다
聞く	듣다/묻다	伺う	듣다/묻다
行く（訪問する）	가다(방문하다)	伺う	찾아뵙다
会う	만나다	お目にかかる	만나뵙다
する	하다	いたす	해 드리다
見せる	보이다	お目にかける	보여 드리다
知る	알다	存じる	알다
思う	생각하다	存じる	생각하다
わかる	알다	かしこまる	삼가 명령을 받들다
借りる	빌리다	拝借する	삼가 빌리다

- 電車が参りますので白線の内側にお下がり下さい。
- はじめまして、田中と申します。
- お手紙を拝見させていただきました。
- 来週お宅の方へお伺いいたします。
- 明日、お目にかかります。

3) 丁寧語 : 말하는 사람이 듣는 사람에게 직접 경의를 표하여 정중하게 말하는 표현

「です」「ます」「ございます」가 대표적이다.
- 今日は月曜日です。
- これは日本語で何といいますか。
- お手洗いはこちらでございます。
- お誕生日おめでとうございます。

4)「〜れる／〜られる」의 尊敬表現 : 하시다

① 1グループ「u동사(5段動詞)」: 語尾「う段」을「あ段」으로 바꾸고 + れる

行く(가다)

語幹	語尾	+	韓国語
行	か		
	き		
	←	れる	가시다
	け		
	こ		

買う(사다)

語幹	語尾	+	韓国語
買	わ		
	い		
	う	れる	사시다
	え		
	お		

- この絵は田中先生が描かれました。
- 先生がこの絵を買われました。
- * 注意 :「う」로 끝나는 단어는「あ」가 아닌「わ」로 바뀐다.

② 2グループ「ru動詞(１段動詞)」: 語尾「る」을 지우고 + られる

語幹	語尾	+	韓国語
起き	~~る~~	られる	일어나시다

- 先生、もう起きられましたか。
- 先生はいつから日本語の勉強を始められましたか。

③ 3グループ「불규칙 동사」

辞書形		韓国語
~~する~~	される	하시다
~~来る~~	こられる	오시다

- 部長はいつ来られますか。
- 日本のどこでお買い物されましたか。

* 존경의「～れる／られる」는 動詞의「可能形／受身」와 活用이 동일한 것에 注意한다.

1. 名詞の尊敬表現

1) 接頭語・接尾語を使用する表現

接頭語「お」는 순수한 日本語에 接続되고,「ご」는 漢字語에 接続되는 傾向이 있다. 丁寧의 뜻과 아울러 말투를 아름답고 부드럽게 하는 美化語의 役割도 한다.

接頭語	単語	韓国語	接尾語	単語	韓国語
お	お宅	댁	さん	お客さん	고객
	お国	나라		お父さん	아버님
	お水	물		皆さん	여러분
	お名前	성함		息子さん	아드님
ご	ご家族	가족	様	神様	신/하느님
	ご両親	양친		仏様	부처님
	ご連絡	연락		王様	왕
	ご注文	주문		皆様	여러분
	ご住所	주소		お姫様	공주님

2) い形容詞, な形容詞, 副詞의 尊敬表現

「お + い形容詞」는 女性들 사이에서 또는 문어체에서 쓰이는 경우가 많다.

단, お로 시작되는 単語에는 붙이지 않는다. 예 お大きい (X)

な形容詞는 漢字語에는「ご」, 고유 日本語에는「お」를 붙인다.

接頭語	単語	韓国語
お	お忙しい	바쁘시다
	お元気だ	건강하시다
	お暇だ	한가하시다
ご	ご親切だ	친절하시다
	ごゆっくり (副詞)	천천히

文型練習

1 次の文章を読んで、文章1の下線のところを尊敬語、謙譲語、丁寧語に入れ替えてください。

[文章 1] レストランにて

A：いらっしゃいませ。こちらの席へ<u>座ってください</u>。

B：はい。

A：<u>注文は決まった？</u>

B：はい。ハンバーグ定食一つとオムライス一つお願いします。

A：わかった。<u>少し待ってください。</u>

--------------------（15分後）--------------------

A：<u>お待たせ。</u>ハンバーグ定食一つとオムライス一つです。

<u>ゆっくり食べてください。</u>

[尊敬語、謙譲語、丁寧語] ⏻ Track 83

A：いらっしゃいませ。

こちらの席へ＿＿＿＿＿＿＿＿＿＿＿＿＿＿＿＿。

B：はい。

A：＿＿＿＿＿＿＿＿＿＿＿＿＿＿＿＿？

B：はい。ハンバーグ定食一つとオムライス一つお願いします。

A：＿＿＿＿＿＿＿＿＿＿＿。＿＿＿＿＿＿＿＿＿＿＿＿＿。

- - - - - - - - - - - - - - - - - -(15分後)- - - - - - - - - - - - - - - - - -

A：＿＿＿＿＿＿＿＿＿＿＿＿。ハンバーグ定食一つとオムライス一つです。

＿＿＿＿＿＿＿＿＿＿＿＿＿＿＿＿＿＿＿。

2 次の文章を読んで、文章2の下線のところを尊敬語、謙譲語、丁寧語に入れ替えてください。

[文章 2] 旅館にて

A：いらっしゃいませ。予約したお客さんですか。

B：こんにちは。今日予約をしている山田といいます。

A：わかりました。ちょっと待ってください。

------------------------- （数分後）-------------------

A：3人で予約した山田さんですね。待ってました。部屋に案内します。

B：はい、お願いします。

-------------- 午後6時（部屋にて）----------------

A：山田さん、食事の用意ができました。ゆっくり食べてください。

[尊敬語、謙譲語、丁寧語]　　Track 84

A：いらっしゃいませ。＿＿＿＿＿＿＿＿＿＿＿＿＿＿＿＿＿＿＿＿＿。

B：こんにちは。今日予約をしている山田と＿＿＿＿＿＿＿＿＿＿＿。

A：＿＿＿＿＿＿＿＿＿＿＿＿。＿＿＿＿＿＿＿＿＿＿＿＿＿＿＿＿。

-------------------- （数分後）-------------------

A：＿＿＿＿＿＿＿で＿＿＿＿＿＿＿＿の山田＿＿＿＿ですね。＿＿＿＿＿＿＿＿＿＿＿。

　　　＿＿＿＿＿＿＿＿＿に＿＿＿＿＿＿＿＿＿＿＿＿＿。

B：はい、お願いします。

-------------- 午後6時（部屋にて）-------------

A：山田＿＿＿＿、＿＿＿＿＿＿＿＿の＿＿＿＿＿＿＿ができました。

　　＿＿＿＿＿＿＿＿＿＿＿＿＿＿＿＿＿＿＿＿＿＿＿＿＿＿＿。

3 次の文章を読んで、文章3の下線のところを尊敬語、謙譲語、丁寧語に入れ替えてください。

[文章3] 宅配便

A：はい、日本宅配便です。

B：あのう、玄関に不在通知が入っていたんですが。

A：わかりました。では、名前と配達番号を<u>言ってください</u>。

B：はい、名前は山田花子で、番号はA015です。

A：確認しますので、<u>少し待ってください</u>。

-------- （しばらくして） --------

A：<u>お待たせしました</u>。はい、確かに山田<u>さん</u>宛の荷物を<u>預かっています</u>。
　　いつごろ<u>届けましょうか</u>。

B：明日の午前中にお願いします。

A：<u>わかりました</u>。では、明日の午前中に<u>届けます</u>。
　　電話ありがとうございました。

[尊敬語、謙譲語、丁寧語] 🔊 Track 85

A： はい、日本宅配便です。

B： あのう、玄関に不在通知が入っていたんですが。

A： ＿＿＿＿＿＿＿＿＿＿＿＿。では、＿＿＿＿＿＿＿と配達番号を＿＿＿＿＿＿＿＿＿＿＿＿。

B： はい、名前は山田花子で、番号はA015です。

A： 確認＿＿＿＿＿＿＿＿＿＿、＿＿＿＿＿＿＿＿＿＿＿＿＿＿＿＿。

- - - - - - - - - - - - - - （しばらくして） - - - - - - - - - - - - -

A： ＿＿＿＿＿＿＿＿＿＿＿＿。はい、確かに山田＿＿＿＿宛の＿＿＿＿＿を＿＿＿＿＿＿＿＿。
　　いつごろ＿＿＿＿＿＿＿＿＿＿＿＿＿。

B： 明日の午前中にお願いします。

A： ＿＿＿＿＿＿＿＿＿＿＿＿。では、明日の午前中に＿＿＿＿＿＿＿＿＿＿＿＿＿＿＿。
　　＿＿＿＿＿＿＿＿ありがとうございました。

213

1 次の漢字の読み仮名を書きなさい。

1) 以前　：_____　　2) 入手　：_____　　3) 後日　：_____

4) 改めて：_____　　5) 伝える：_____　　6) 宅　：_____

2 下線に一番適当なものを一つ選びなさい。

1) 裕さんは_____ますか。

① いらしゃい　　② いらっしゃい　　③ いっらっしゃい　　④ いらつしゃい

2) パクさん。_____ございません。

① もうしわけ　　② もうしあけ　　③ もしわけ　　　　④ もしあけ

3) 以前申し上げた_____のチケットのことです。

① ミュジカル　　② ミュジカール　　③ ミュージカル　　④ ミュージカール

4) 本日、_____いたしました。

① にゅうしゅう　　② にゅしゅう　　③ にゅうしゅ　　④ にゅしゅ

5) ____改めて、お電話いたします。

① こうじつ　　② ごじつ　　③ こうしつ　　④ こじつ

3 次の韓国語を日本語に直しなさい。

1) 아, 어머니세요? 항상 유다카씨에게 신세를 지고 있습니다.

_____。

2) 오늘 입수하였습니다.

_____。

3) 안부 전해 주세요.

_____。

パク(女)　もしもし、私、パク・チヨンと　　　　　　　　　　　　　が、

裕さんは　　　　　　　　　　　ますか。

田中の母(女)　あ、パクさん。　　　　　　　　　ございません。

裕は今　　　　　　　　　　　　が……。

パク(女)　あ、お　　　　　　ですか。いつも、裕さんにお世話になっています。

田中の母(女)　いえいえ、こちらこそ　　　　　　　　　　　います。

パク(女)　お母様、以前申し上げた　　　　　　　の　　　　のことですが、

本日、　　　　　　いたしました。

田中の母(女)　ああ、そうですか。

パク(女)　本日　　　　　　　　　　　　ので、2、3日、お待ちください。

田中の母(女)　わかりました。楽しみにしております。

パク(女)　それでは、　　　　　改めて、お電話いたします。

裕さんにも、よろしく　　　　　　　　ください。

田中の母(女)　はい、どうも　　　　　　ございました。

単語帳

丁寧語(ていねいご) 정중어 | 謙譲語(けんじょうご) 겸양어 | 尊敬語(そんけいご) 존경어 | 付加(ふか) 부가 | 形式(けいしき) 형식 | 自立(じりつ) 자립 | 後程(のちほど) 나중에, 뒤에 | 描(えが)く 그리다 | 接頭語(せっとうご) 접두어 | 接尾語(せつびご) 접미어 | 接続(せつぞく) 접속 | 傾向(けいこう) 경향 | 美化語(びかご) 미화어 | 役割(やくわり) 역할 | 副詞(ふくし) 부사 | 入(い)れ替(か)える 교체하다, 갈아 넣다 | 旅館(りょかん)にて 여관에서 | 数分後(すうふんご) 몇 분 후 | 用意(ようい) 준비 | 宅配便(たくはいびん) 택배 | 玄関(げんかん) 현관 | 不在(ふざい) 부재 | 通知(つうち) 통지 | 配達(はいたつ) 배달 | 番号(ばんごう) 번호 | 確認(かくにん) 확인 | 宛(あて) ～앞(누구) | 預(あず)ける 맡기다, 보관시키다 | 届(とど)ける 보내다, 전하다

日本文化 (にほんぶんか)

전화 (電話)

　최근에는 일본도 한국과 마찬가지로 휴대폰이 주류를 이루고 있어 중학생 이상은 거의 한 대씩 소유하는 시대가 되었다(단, 60세 이상 일하지 않는 사람은 그다지 소지하지 않는다). 보통 거의 모든 가정에는 일반전화가 있지만 인터넷 접속률은 전 가정의 25% 정도이다. 일반전화를 처음 계약할 때 7만 엔 가량의 돈이 들기 때문에 젊은층은 일반전화는 설치하지 않고 휴대폰만을 가지고 인터넷 계약만 하는 사람이 많다. 그래서 NTT 일본전신전화국에서는 계약자 수가 줄어 일반전화 계약요금제 폐지를 검토하고 있다.

　전화를 걸 때에는 먼저 자기 이름을 말하고 나서 정중하게 상대방을 찾는 게 예의이다. 바꿔주는 사람에게는 감사의 뜻을 충분히 전해야 한다. 전화 첫마디인 'もしもし(여보세요)'는 백년 이상이나 된 말로 '申す 申す(아룁니다, 아룁니다)'에서 온 말이다.

　일본인들은 전화요금이 비싼 탓인지 전화요금에 민감한 편이다. 그래서 간혹 전화를 쓴 일로 서로 신경이 날카로워지는 경우도 있다. 또한 휴대폰의 경우 상대방에게 전화를 걸어 발신자 번호만 남기고 다시 걸려오게 하는 'ワン切り'라는 것이 생겨났을 정도이다.

<ruby>総合問題<rt>そうごうもんだい</rt></ruby>
<ruby>日本文化<rt>にほんぶんか</rt></ruby>

해답

해석

次の質問に答えなさい。

1 晩ご飯を_____テレビを見ます。

 ① 食べたり ② 食べますから ③ 食べってから ④ 食べてから

2 日曜日には彼氏と映画を見_____、ショッピングをし_____しました。

 ① た   ② たり   ③ たら   ④ て

3 銀行は午後3時まで_____。

 ① 開きます   ② 開いています
 ③ 開きましょう   ④ 開いてあります

4 妹の部屋にはソテジのポスターが_____。

 ① はってあります ② はります
 ③ はってください ④ はったりします。

5 二度とタバコは_____。

 ① すいます ② すってください ③ すわない ④ すいますか。

6 デパートで、ブランド品を_____。

 ① 買ったことです ② 買ったことがあります
 ③ 買ったことがいます ④ 買ったです。

7 パクさんからお中元に、ハムを_____。

 ① もらいました ② もらしました
 ③ あげました ④ くれました。

8 ソウルに来たら私が案内＿＿＿＿＿＿＿。

　① してあげないよ　　　　　② してくれましたよ
　③ してあげますよ　　　　　④ してもらいましょう。

9 手伝って＿＿＿＿＿どうもありがとう。

　① くれて　　　② やって　　　③ あげて　　　④ もらって

10 あと1週間だけ＿＿＿＿＿＿＿＿。

　① 待ってもらえません　　　② 待ってもらいたいのですが
　③ 待っていません　　　　　④ 待ってました

11 今にも雪が＿＿＿＿＿＿。

　① 降りません　　② 降ります　　③ 降りそうです　　④ 振りそうです

12 マイケルさんは最近アルバイトを＿＿＿＿＿＿。

　① はじめます　　　　　　② はじめたようです
　③ はじめたです　　　　　④ はじめそうです

13 来週中間テストがあるので、勉強＿＿＿＿＿＿。

　① しなくてもいいです　　　② しなければなりません
　③ しなかったです　　　　　④ しないでしょう

14 健康のために、毎日あるいた＿＿＿＿＿＿。

　① ほうです　　　　　　　② いいほうです
　③ いいからです　　　　　④ ほうがいいです。

15 昨日家に帰ってそのまま_____。

① 寝てしまいました　　　　② 寝ておきます
③ 寝てあげませんでした　　④ 寝ています

16 林さんは、昔さしみが_____。

① 食べられます　　　　② 食べれます
③ 食べられませんでした　　④ 食べましょう

17 飛行機に一人でも_____。

① 乗れるよね　　② 乗りるよね　　③ 乗わよね　　④ 乗れてよね

18 来年結婚_____と思っています

① すよと　　　② しようと　　③ さようと　　④ せようと

19 昨日、先生にすごく_____。

① おこられました　　　　② おこれました
③ おこりました　　　　　④ おこられます

20 とっておいたチョコレートを姉に_____。

① 食べました　　　　② 食べてしまいました
③ 食べられました　　④ 食べれました。

日本文化

にほんぶんか

이자카야(居酒屋)

　이자카야(居酒屋)는 동료나 직장인 등이 함께 와서 왁자지껄하게 이야기를 나누며 즐겁게 술을 마시는 매우 대중적인 술집이다. 최근에는 저렴한 가격으로 전 세계의 다양하고 맛있는 음식과 술을 갖춘 가게도 늘어났다.

　따라서 젊은층뿐만 아니라 주부들도 부담 없이 찾는다. 서비스도 아주 다양해졌는데, 2시간 주류 무한 제공에 1,500엔, 식사 무한 제공에 2,000엔 하는 가게도 많아지고 있다. 계산은 대부분 더치페이(割り勘)로 하는 경우가 많은데, 나이나 수입을 따지지 않고 총액을 참가자 수로 나누어 균등하게 갹출한다. 상사든 부하직원이든 "今日は割り勘にしよう。(오늘은 더치페이로 하자)"라고 하면 지불하는 금액은 똑같아진다. 이자카야(居酒屋)는 이처럼 격식을 차리지 않는 술집이다.

　한편, 일본에는 酒屋라는 것이 있는데, 한자를 그대로 해석하면 '술집'이 된다. 그런데 이때의 酒屋는 술만 판매하는 곳이지, 거기에서 음식과 곁들여서 술을 마실 수 있는 곳은 아니다. 즉 우리나라로 치면 '주류 판매점' 정도가 되겠다.

　이자카야(居酒屋)는 원래 술을 마실 수 없었던 酒屋(주류 판매점)에서 '계속 있으면서(居続けながら) 술을 마실 수 있게 된 집'이라는 데에서 나온 말이다.

도도부현(都道府県)·지방구분(地方区分)

　　都道府県(とどうふけん)은 일본의 지방자치단체인 도(都), 도(道), 부(府) 및 현(県)의 총칭이다. 현재 都는 도쿄도(東京都), 道는 홋카이도(北海道)로 각 한 군데 뿐이고, 부(府)는 교토부(京都府), 오사카부(大阪府)로 두 군데, 현(県)이 43곳으로 '1都1道2府43県', 총 47개이다. 都道府県의 행정사무를 보는 중심기관을 각각 都庁, 道庁, 府庁, 県庁라고 부른다.

 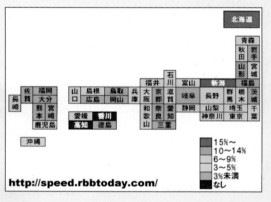

「여덟 군데 지방구분(八地方区分)」

北海道地方 : 北海道

東北地方 : 青森県 - 岩手県 - 宮城県 - 秋田県 - 山形県 - 福島県

関東地方 : 茨城県 - 栃木県 - 群馬県 - 埼玉県 - 千葉県 - 東京都 - 神奈川県

中部地方 : 新潟県 - 富山県 - 石川県 - 福井県 - 山梨県 - 長野県 - 岐阜県 - 静岡県 - 愛知県

近畿地方 : 三重県 - 滋賀県 - 京都府 - 大阪府 - 兵庫県 - 奈良県 - 和歌山県

中国地方 : 鳥取県 - 島根県 - 岡山県 - 広島県 - 山口県

四国地方 : 徳島県 - 香川県 - 愛媛県 - 高知県

九州地方 : 福岡県 - 佐賀県 - 長崎県 - 熊本県 - 大分県 - 宮崎県 - 鹿児島県 - 沖縄県

노상금연 조례 (路上禁煙条例)

　도쿄도 치요다구(東京都千代田区)가 일본 최초로 2002년 10월부터 시행한 벌칙 부조항인 노상금연 조례. 주요 내용은 걸으면서 또는 지정된 장소가 아닌 곳에서 담배를 피우거나 담배꽁초를 아무데나 버리면 '20,000엔 이하의 벌금이 부과된다'라고 되어 있다. 이런 조례는 해외에서도 그 유례를 찾아보기 힘들다고 한다. 시범적으로 시행한 결과 좋은 반응을 얻음으로써 점차 확대되는 분위기이다.

　이런 분위기에 힘입어 후쿠오카(福岡) 시의회는 전국에서 두 번째로 벌칙 부조항 금연조례를 제정했으며, 세계문화유산인 갓쇼즈쿠리(合掌造り : 재목을 합각으로 어긋매기고, 띠로 급경사의 지붕을 인 건축양식. 지붕이 합장을 했을 때의 모양과 비슷하다고 해서 이름 붙여짐)로 유명한 기후현(岐阜県) 시라카와촌(白川村)도 그 뒤를 이었다.

　이밖에 도쿄도에서는 스기나미구(杉並区), 이타바시구(板橋区), 오타구(大田区), 시나가와구(品川区), 추오구(中央区), 세타가야구(世田谷区), 신주쿠구(新宿区), 오가네이시(小金井市) 등도 이 조례를 제정했다. 전국적으로 오사카시(大阪市), 후쿠오카시(福岡市), 히로시마시(広島市), 치바시(千葉市), 나고야시(名古屋市), 삿포로시(札幌市) 등에서도 시행되고 있으며, 점차 전국적으로 확산되는 추세이다.

병원 (病院)

　일본에는 전국적으로 약 9만8천 곳의 병원이 있다. 그 가운데 약 90%는 일반 치료를 하는 병원이다. 나머지 10%는 대학병원 등으로 모든 광역지방자치단체에 최소 한 곳 이상이 있다. 흔히 병원이라고 부르는데, '○○병원(病院)' 이외에도 '○○의원(医院)', '○○진료소(診療所)', '○○클리닉(クリニック)'이란 간판도 눈에 띈다. 이 중에서도 최근에는 '○○클리닉'이란 간판이 늘어나는 추세이다. 일반적으로 '병원'과 '진료소', '의원', '클리닉'의 구별은 없다. 그러나 법률적으로 입원환자 수용 침대 수가 20개 이상이면 '병원'이라고 부르고, 19개 이하이면 '진료소', '의원', '클리닉'이 된다. '진료소', '의원', '클리닉'은 호칭만 다를 뿐 비슷한 개념인데, '클리닉'은 최신 장비를 갖추고 있다는 이미지를 준다. 일본인의 영어 선호는 이런 데서도 나타난다.

　의료비는 어떤 보험에 가입했는지에 따라서 부담액이 달라진다. 공무원이 가입한 후생보험(厚生保険)이나 샐러리맨이 가입한 사회보험의 경우 본인은 20%, 가족은 30% 부담이다. 직장이 없는 사람을 대상으로 한 국민보험은 보통 30% 부담이다. 특정 지역에서는 고령자에게 10% 부담하게 하는 경우도 있고, 영·유아의 경우 무료인 곳도 있다. 노인의 경우는 부담금이 적기 때문에 오전 중에 병원에 가면 거의 노인으로 문전성시를 이룬다. 그래서 일본은 고령자의 천국이라고 하며, 이것이 사회문제가 되고 있다.

　유학생의 경우 'jasso(일본학생지원기구)'의 제도였던 外国人留学生医療費補助制度에 가입하면 국민건강보험를 통해서 전체 병원비의 70%가 할인되며, 나머지 자기 부담액인 30%에서도 70%정도를 추가로 돌려준다.

　이밖에도 우리나라와 달리 일본 병원에서는 환자가 충분히 수면을 취할 수 있도록 소등시간을 21시로 정한 곳이 많은데, 소등 후에는 TV와 전등을 끄고 소리를 내면 안 된다.

일본 천황제(天皇制)

　일본 헌법 제1조에서 천황은 일본국과 일본국민 통합의 '상징'으로 규정하고 있다. 즉 천황은 헌법상 특별히 규정된 지위에 있는 것이다. 정치체제로서는 국민이 주권자(主権在民)인 민주제를 채택하고 있다(前文, 第1条). 천황의 지위는 일본국민의 총의(総意)에 따른다. 일본 헌법에서 천황의 행위는 국사행위를 하는 것으로 한정하고 있다(第7条). 국사행위를 하기 위해서는 내각의 조언과 승인을 필요로 한다(第3条). 실질적인 결정권은 천황에게 존재하지 않기 때문에 국정에 관한 권한을 전혀 가지지 않는다(第4条). 또한 국가의 상징이기도 하다. 명치헌법 하에서도 천황은 국가의 상징이었다. 단, 현행 헌법 하에서는 정치적인 권한이 없다는 점에서 명치헌법과 다르다. 이것을 굳이 강조하기 위해 '상징천황제(象徵天皇制)'라고 하는 것이다.

　천황이 일본 헌법 하에서의 '원수'인지 여부에 대해서는 이론이 있으나, 일본 헌법에 원수에 관해서는 아무런 언급이 없어 원수인지 아닌지의 정의를 내리기가 애매하다.

　천황은 모든 외국에서 원수로서의 대접을 받는다. 올림픽 개회 선언은 개최국 원수가 하는 것이 관례로 되어 있어서 일본 국내에서 개최된 올림픽에서는 천황이 개회 선언을 한다. 천황은 일본 헌법이 정하는 국사에 관한 행위만을 하도록 되어 있어 국정에 직접 관여하는 권한이 없다. 일본 천황 이외에 군주가 정치적인 권한이 없는 나라는 북유럽과 네덜란드, 스페인 등 유럽 이외의 입헌군주국에서도 흔히 찾아볼 수 있다. 일본 천황 이상으로 정치적인 권한을 제한받고 있는 군주로는 스웨덴 국왕이 있다. 1979년의 헌법 개정 이래 수상임명권 등의 형식적인 국사행위조차 인정받지 못해 상징군주제란 새로운 구분을 해야 하지 않겠느냐는 목소리도 나오고 있다.

방문(訪問) 예절

　일본에서는 남의 집을 방문할 때 아주 절친한 사이를 제외하고는 사전 약속 없이 불쑥 찾아가는 일은 거의 없다. 반드시 전화로 상대방의 형편을 묻고 나서 방문한다. 또한 초대하는 쪽은 방문할 사람 수에 맞춰 음식을 준비하기 때문에 한국식으로 숟가락 하나만 더 놓으면 될 것이라고 생각하여 상대방의 사전 양해 없이 사람들을 줄줄이 데리고 가면 큰 결례가 된다.

　최근에는 'もちよりパーティー'라고 하여 각자 음식을 하나씩 만들어 가는 모임도 많아졌다. 방문하는 경우에 따라 조금씩 다르겠지만 주로 술이나 케이크, 꽃 등 간단한 선물을 보기 좋게 포장해 가면 주인이 기뻐한다. 일본에서는 우리와 달리 포장에 각별한 신경을 쓴다. 시간 엄수는 당연한 일이고 정해진 방문 시간 전후 5분 정도가 적당한 방문 시간이다. 일본인은 속내(本音)와 명분(建前)을 구분해서 말하는 습관이 있어서, 예를 들어 "우리 집에 한 번 놀러 와."라는 말을 들은 경우, 진심으로 한 말인지 예의 상 해 본 말인지 구분하기 힘들다고 하는데, 요즘은 꼭 그렇지도 않다. 자기 집으로 놀러오라는 말을 들으면 가능한 시간을 물어 부담 없이 방문하면 된다. 예전처럼 속내와 달리 명분을 내세워 초대하기 싫은 사람에게 예의 상 한번 놀러 오라는 말은 잘 하지 않게 되었다.

　초대받은 집을 방문해 현관을 들어설 때는 반드시 「おじゃまします」라고 하는데, 이것은 자신의 방문으로 당신과 당신의 가족에게 폐가 되어 죄송하다는 뜻이다. 그리고는 가지고 간 선물을 건네준다. 비싼 것이거나 좋은 것이라도 건넬 때는 반드시 「つまらないものですが…(별거 아닙니다만)」라고 말하는 것이 예의이다. 집안으로 들어갈 때는 신발을 가지런히 돌려놓는 것이 예의다. 또한 화장실을 사용할 때에는 반드시 「お手洗いを使わせていただきたいんですが (화장실을 쓰고 싶은데요).」「お手洗いを使っていいですか(화장실을 써도 되겠습니까).」라고 물어 보아야 한다. 부엌에는 아주 절친한 사이가 아니면 함부로 들어가서는 절대 안 된다.

일기예보 (天気予報)

몇 년 전부터 날씨 예측을 전문으로 하는 직업이 생겨서 일기예보가 매우 잘 들어맞게 되었다. 관련 직종의 일을 하기 위해서는 '기상예보사'라는 국가자격 시험을 치러야 하는데, 매우 어려운 시험으로 합격률이 약 6%밖에 되지 않는다고 한다.

일본은 국토가 남북으로 길게 뻗어 있어서 최남단과 최북단의 기온차가 20도 이상이나 되고, 날씨의 변화도 심한 편이다. 그래서 남쪽 오키나와(沖縄)에서는 해수욕을 하는데 북쪽 홋카이도(北海道)에서는 스키를 탈 수 있다는 일기예보를 접하게 될 때도 있어서 재미있다.

유료전화이기는 하지만(10엔), 177번을 걸면 한 주간의 날씨, 기온, 파도 높이 등의 정보가 제공되는 일기예보를 들을 수 있다. 인터넷으로도 주소를 입력하면 특정 지역의 일기예보를 살펴볼 수 있다.

이밖에도 날씨뿐만 아니라 계절에 따른 일기예보가 제공되는데, 특히 꽃이 피는 봄철이 되면 벚꽃의 개화 시기를 지역별로 예측해 주는 벚꽃전선예보(桜前線予報)나 꽃가루증후군(花粉症) 피해자를 위한 삼나무의 꽃가루 발산 상황 예보 등이 쉴 새 없이 제공된다.

第1課
<small>だい いっ か</small>

● 文型練習
<small>ぶん けい れんしゅう</small>

1. ① 家に帰って、ご飯を食べて、日本のドラマを見ます。
<small>いえ かえ</small> <small>はん た</small> <small>にほん</small>

② 野球をして、シャワーを浴びて、ご飯を食べます。
<small>や きゅう</small> <small>あ</small> <small>はん た</small>

③ デパートへ行って、化粧品を買って、家に帰ります。
<small>け しょうひん か</small> <small>いえ かえ</small>

④ 風邪を引いて、薬を飲んで、ゆっくり休み ます。
<small>か ぜ</small> <small>くすり の</small> <small>やす</small>

⑤ 友だちに会って、コーヒーを飲んで、映画を見ます。
<small>とも あ</small> <small>の</small> <small>えい が み</small>

2. ① 聞いてから/寝て
<small>き</small> <small>ね</small>

② 浴びてから/出掛けて
<small>あ</small> <small>で か</small>

③ 飲んでから/戻って
<small>の</small> <small>もど</small>

④ 終わってから/行って
<small>お</small> <small>い</small>

⑤ 来てから/して
<small>き</small>

● 練習問題
<small>れんしゅうもん だい</small>

1 1) 風邪 <small>か ぜ</small>　　2) 化粧品 <small>け しょうひん</small>

3) 頑張る <small>がん ば</small>　　4) 新鮮 <small>しんせん</small>

5) 浴びる <small>あ</small>　　6) 頑張る <small>がん ば</small>

7) 新鮮 <small>しんせん</small>　　8) 出掛ける <small>で か</small>

2 1) ④　　2) ②　　3) ②　　4) ①　　5) ③

3 1) 昨日はお酒を飲んで、カラオケまで行きました。
<small>の</small>

2) 温かいのと冷たいのがありますが、どちらがいいですか。
<small>あたた</small> <small>つめ</small>

3) 薬を飲んでから、ゆっくり休んでください。
<small>くすり の</small> <small>やす</small>

● 聞き取り・書き取り練習
<small>き と か と れんしゅう</small>

元気がない/ゆうべ/飲んで/痛い/飲んでみて/冷たいの/のを/飲んでから/休んで/出して
<small>げん き</small> <small>の</small> <small>いた</small> <small>の</small> <small>つめ</small> <small>の</small> <small>やす</small> <small>だ</small>

第2課
<small>だい に か</small>

● 文型練習
<small>ぶん けい れんしゅう</small>

1. 1) 女：① バックをかけています。
<small>おんな</small>

② ブラウスを着ています。
<small>き</small>

③ スカートをはいています。

④ 靴をはいています。
<small>くつ</small>

⑤ 時計をしています。
<small>と けい</small>

⑥ スカーフをしています。

2) 男：① 帽子をかぶっています。
<small>おとこ</small> <small>ぼう し</small>

② ベルトをしています。

③ ネクタイをしめています。

④ スーツを着ています。
<small>き</small>

⑤ かばんを持っています。
<small>も</small>

2. ① 飲みながら/歌って
<small>の</small> <small>うた</small>

② 食べながら/見て
<small>た</small> <small>み</small>

③ しながら/聞いて
<small>き</small>

④ 飲みながら/して
<small>の</small>

⑤ しながら/食べて

・練習問題

1 1) 時代　　　　　2) 勤める
　3) 友人　　　　　4) 子犬
　5) 学食　　　　　6) 太る

2 1) ①　2) ②　3) ③　4) ①　5) ④

3 1) タバコを吸いながらコーヒーを飲んでいる人は
　　だれですか。
　2) 子犬もいますね。でも、ちょっと太っ て い ま す
　　ね。
　3) クラスのみんなで温泉に行っています。

・聞き取り・書き取り練習

見ています/見て/友人との/吸いながら/飲んでい
る/住んで/勤めて/結婚しています/かけている/太
って/食べて

第3課

・文型練習

1. ① つけて
　② 止めて
　③ かけて
　④ 消して
　⑤ 出して
2. ① 飾っておきます。
　② 冷やしておきます。
　③ 作っておきます。
3. ① 飲んでしまいました。
　② 覚えてしまいました。

---

③ してしまいました。

・練習問題

1 1) 予約　　　　　2) 満員
　3) 矢印　　　　　4) 係員
　5) 品物　　　　　6) 飾る

2 1) ④　2) ④　3) ①　4) ②　5) ③

3 1) 私が予約しておきます。
　2) 係員があそこにも並べていますよ。
　3) 日本語の本を全部読んで しまいました。

・聞き取り・書き取り練習

行くのは/してありますか/人気/なってしまいます
/おきます/並んでいます/道案内/並べて

第4課

・文型練習

1. ① かけてもいいですか。/ かけてもいいです。/
　　かけてはいけません。
　② 置いてもいいですか。/ 置いてもいいです。
　　/ 置いてはいけません。
　③ 止めてもいいですか。/ 止めてもいいです。
　　/ 止めてはいけません。
　④ 座ってもいいですか。/ 座ってもいいです。/
　　座ってはいけません。
　⑤ 読んでもいいですか。/ 読んでもいいです。
　　/ 読んではいけません。
2. ① 見すぎて / 赤くなりました。
　② 飲みすぎて / 痛くなりました。
　③ しすぎて / 悪くなりました。

229

④ しすぎて /なくなりました。

1 1) 喫煙室　　　　2) 困る
　3) 手術　　　　　4) 捨てる
　5) 吸う　　　　　6) 支出

2 1) ③　2) ①　3) ④　4) ②　5) ③

3 1) ここではタバコを吸ってはいけません。
　2) 喫煙室ですから、タバコを吸ってもかまいません。
　3) でも、吸いすぎては困りますよ。

● 聞き取り・書き取り練習

吸っても/吸っては/吸っても/喫煙室/吸ってもかまいません/吸いがら/捨てては/だめ/はいざら/捨てて/吸いすぎては

第5課

● 文型練習

1. ① へ 行かなければなりません。
　② を しなければなりません。
　③ を 飲まなければなりません。
2. ① を しめなくてもいいです。
　② を 脱がなくてもいいです。
　③ に 来なくてもいいです。
3. ① を 吸わないほうがいいです。
　② を 飲まないほうがいいです。
　③ を 捨てないほうがいいです。
4. ① を 入れないでください。
　② を 忘れないでください。
　③ (を)しないでください。

● 練習問題

1 1) 下手　　　　　2) 問題
　3) 大切　　　　　4) 健康
　5) 無理　　　　　6) 遅刻

2 1) ①　2) ③　3) ②　4) ①　5) ①

3 1) 私もそう思いますよ。イーさんは歌わない でくださいね。
　2) 上手、下手は問題ではありません
　3) みんなが歌うことが大切です。

● 聞き取り・書き取り練習

歌わなければ/歌わなくても/歌わないほうが/歌わないで/歌うこと/歌って/さすが/がんばって

第6課

● 文型練習

1. ① に 登ったことがあります。
　② で 泊まったことがあります。
　③ を 見たことがあります。
2. ① 生まれたばかりです。
　② 結婚したばかりです。
　③ を 買ったばかりです。
3. ① 電話したほうがいいです。
　② 触らないほうがいいです。
　③ 歩いたほうがいいです。
　④ つけたほうがいいです。
　⑤ しないほうがいいです。

● 練習問題

1 1) 大丈夫　　　　2) 転ぶ

3) 大変　　　4) 最近
5) 看護師　　6) 注意

2 1) ③　　2) ①　　3) ②　　4) ②　　5) ②

3 1) 私も転んでけがをしたことがあります。
　2) 看護師さんから注意を受けたばかりです。
　3) まだおすしを食べたことがありません。

● 聞き取り・書き取り練習

大丈夫/けがをしたこと/マンガばかり/つい/受けた
ばかり/寝たほうがいい

第7課

● 文型練習

1. ① したり / したり
　② 降ったり / 止んだり
　③ 飲んだり / したり
　④ うるさかったり / 静かだったり
　⑤ だったり / だったり
　⑥ ついたり / 消えたり
2. ① 降ったら
　② 行ったら
　③ 立ったら
　④ 言ったら
　⑤ よかったら

● 練習問題

1 1) 喫茶店　　　　2) 人気
　3) 一日中　　　　4) 食事
　5) 営業　　　　　6) 駅前

2 1) ①　　2) ②　　3) ③　　4) ④　　5) ②

3 1) 何か食べたり、飲んだりしてもいいですか。

2) 山田さんもマンガ喫茶に行ったら、マンガを
　読んだり、ゲームをしたりしますか。
3) もちろんです。たまには、食事もしたりします。

● 聞き取り・書き取り練習

行ったこと/知りません/置いてある/食べたり/飲ん
だり/人気のある場所/行ったら/読んだり/ゲームを
したり/食事もしたり/夜遅くまで/行って/行きたい

第8課

● 文型練習

1. ① 行けば私も行きます。
　② 来れば思い出します。
　③ 乗らなければ結婚式に間に合いません。
2. ① 春になると桜が咲きます。
　② お酒を飲むと顔が赤くなります。
　③ 日帰りだと疲れます。
3. ① すればするほど / 上手になります
　② すればするほど / いやになります
　③ 書けば書くほど / うまくなります
　④ 飲めば飲むほど / 伸びます

● 練習問題

1 1) 釣り　　　　　2) 季節
　3) 上達　　　　　4) 間に合う
　5) 中止　　　　　6) 失敗

2 1) ②　　2) ③　　3) ①　　4) ①　　5) ④

3 1) あしたは天気がよければ、釣りにいきます。
　2) この季節になると、いつも釣りにいきますね。
　3) コツと言うより、釣りに行けば行くほど上達しま
　　すね。

よければ/釣りに/季節になる/上手なん/言うより/好きなだけ/コツ/行けば行くほど/立派/それほどでも

第9課^{だいきゅうか}

●文型練習^{ぶんけいれんしゅう}

1. ① 閉^しめろ / 閉^しめなさい / 閉^しめるな
   ② 買^かえ / 買^かいなさい / 買^かうな
   ③ 食^たべろ / 食^たべなさい / 食^たべるな
   ④ 辞^やめろ / 辞^やめなさい / 辞^やめるな
   ⑤ しろ / しなさい / するな
2. ① は 携帯電話^{けいたいでんわ}を使うなという/ です。
   ② ひまわりという / です
   ③ お節料理^{せちりょうり}という / です
   ④ ために / しています
   ⑤ ために / しています

●練習問題^{れんしゅうもんだい}

1 1) 社内^{しゃない} 2) 安全帽^{あんぜんぼう}
3) 工場^{こうじょう} 4) 非常時^{ひじょうじ}
5) 正確^{せいかく} 6) 指示^{しじ}

2 1) ④ 2) ② 3) ① 4) ③ 5) ②

3 1) 今日は社内^{しゃない}の安全^{あんぜん}について考^{かんが}えてみましょう。
2) このマークはタバコを吸うなという意味^{いみ}です。
3) まず、安全^{あんぜん}があってこそ、仕事が安心^{あんしん}してできますね。

●聞^きき取^とり・書^かき取^とり練習^{れんしゅう}

社内^{しゃない}の安全/マーク/吸うなという/かぶれという/聞きなさいという/のために/工夫/あってこそ/安心して

第10課^{だいじゅっか}

●文型練習^{ぶんけいれんしゅう}

1. ① 日本^{にほん}の新聞^{しんぶん}が読^よめます。/ 日本^{にほん}の新聞^{しんぶん}を読むことができます。
   ② 日本語^{にほんご}が話^{はな}せます。/ 日本語^{にほんご}を話^{はな}すことができます。
   ③ たばこがやめられます。/ たばこをやめることができます。
   ④ 納豆^{なっとう}が食^たべられます。/ 納豆^{なっとう}を食^たべることができます。
   ⑤ 明日^{あした}、午前五時^{ごぜんごじ}に来^こられます。/ 明日^{あした}、午前^{ごぜん}五時^{ごじ}に来^こることができます。
2. ① が 上手^{じょうず}に使^{つか}えるようになりました。
   ② が わかるようになりました。
   ③ が 上手^{じょうず}に歌^{うた}えるようになりました。
   ④ に 行^いかないように
   ⑤ 事故^{じこ}が起^おこらないように
   ⑥ 質問^{しつもん}するように

●練習問題^{れんしゅうもんだい}

1 1) 持^もち寄^より 2) 得意^{とくい}
3) 人数分^{にんずうぶん} 4) 食品^{しょくひん}
5) 注意^{ちゅうい} 6) 危険^{きけん}

2 1) ② 2) ③ 3) ④ 4) ② 5) ③

3 1) 得意^{とくい}な料理^{りょうり}を持^もち寄^よれば、人数分^{にんずうぶん}の料理^{りょうり}が楽^{たの}しめます。
2) 何でも食^たべることができますか。
3) 最近、納豆^{なっとう}が食^たべられるようになりました。

●聞^きき取^とり・書^かき取^とり練習^{れんしゅう}

こんな持ち寄りパーティー/持ち寄れば/楽しめ/食べること/食べるように/食べられるように/ヘルシーな/ダイエット/頑張って

第11課

● 文型練習

1. ① ているようです。
   ② が 高いようです。
   ③ は 親切なようです。
2. ① 買えるかもしれません。
   ② 不便かもしれません。
   ③ 遅れるかもしれません。
3. ① 届いたはずです。
   ② 休むはずです。
   ③ できるはずです。

● 練習問題

1 1) 夕焼け　　2) 梅雨
  3) 台風　　　4) 正確
  5) 先輩　　　6) 顔色

2 1) ③　2) ④　3) ①　4) ③　5) ②

3 1) もう梅雨はあけたみたいです。
  2) でも、2、3日後には台風が来るらしいですよ。
  3) 昨日のテレビのニュースでは小さいと言って
    いましたから、大きくないはずです。

● 聞き取り・書き取り練習

夕焼け/晴れるよう/あけた/来るらしい/かもしれま
せん/はず/大きくないはず/らしいです

---

③ 建物 / できそう

④ いす / 壊れそう

⑤ 時間 / なさそう

2. ① 先生 / いいそう
   ② ニュース / あったそう
   ③ 地方の新聞 / 新鮮だそう
   ④ ニュース / 調べているそう
   ⑤ 新聞 / 同僚だったそう

3. ① 新しい車を買う
   ② 夏休みに帰らない
   ③ 将来、先生になる
   ④ 韓国語で話さない
   ⑤ 日曜日に勉強する

● 練習問題

1 1) 営業部　　2) 相手
  3) 結婚　　　4) 地震
  5) 過ごす　　6) 高速

2 1) ③　2) ①　3) ③　4) ④　5) ②

3 1) 山田さんの結婚の予定は?
  2) 今度の春に見つけるつもりです。
  3) この辺は交通は不便ですが、静か そうです
    ね。

● 聞き取り・書き取り練習

降りそう/するそう/予定/するつもり/見つけなきゃ
/つもり/婚活

第12課

● 文型練習

1. ① 浅田さん / 悲しそう
   ② 肉 / 焼けそう

第13課

● 文型練習

1. ① 決めよう
   ② 習おう

③ 建てよう

④ やめよう

⑤ 引っ越そう

2. ① 倒れるでしょう。

② 帰国するでしょう。

③ 一生懸命勉強するでしょう。

④ 間に合わないでしょう。

⑤ 咲かないでしょう。

1 1) 結婚式　　　　2) 参加

3) 合格　　　　　4) 出身

5) 帰国　　　　　6) 枯れる

2 1) ③　　2) ④　　3) ④　　4) ③　　5) ③

3 1) 私も結婚式に行こうと思っています。

2) そう思うでしょう。

3) 3年以内にはウェディングドレスを着ようと思っ
ています。

● 聞き取り・書き取り練習

結婚式/行こう/行こう/すてきだろう/あこがれるん
じゃない/すてきな/着よう/もちろん

第14課

● 文型練習

1. ① くれました　/　もらいました

② くれました　/　もらいました

③ あげました　/　もらいました

④ もらいました　/　くれました

⑤ あげました　/　もらいました

2. ① くれました

② もらいました

③ くれました

④ くれました

⑤ くれました

● 練習問題

1 1) お任せ　　　　2) 感謝

3) 柿　　　　　　4) 背広

5) 古着　　　　　6) 指輪

2 1) ②　　2) ④　　3) ③　　4) ①　　5) ③

3 1) 今度の誕生日にほしいものがありますか。

2) 何でもリクエストしてください。

3) ええ。あれから、もう2年。月日は早いですね。

● 聞き取り・書き取り練習

ほしいもの/買ってあげたい/リクエスト/お任せ/楽
しみ/買ってくれた/月日/おかげ/仲よく

第15課

● 文型練習

1. ① 叩かれます。　　② 叱られます。

③ 泣かれます。　　④ 言われます。

⑤ 盗まれます。　　⑥ 休まれます。

⑦ 押されます。　　⑧ 愛されます。

⑨ 怒られます。　　⑩ 食べられます

⑪ 運ばれます。　　⑫ 助けられます。

⑬ 取られます。　　⑭ 呼ばれます。

⑮ 見られます。　　⑯ 踏まれます。

⑰ かまれます。　　⑱ 来られます。

⑲ 招待されます。　　⑳ 歌われます。

2. ① 行って　/　蛇に足をかまれました。

② に昨日ふられました。

③ で蜂に頭を刺されました。

④ に日記を読まれました。

⑤ は500年前に建てられました。

⑥ を妹に食べられました。

⑦ にお使いを頼まれました。

● 練習問題

1　1) 製品　　　　2) 出品
　　3) 評判　　　　4) 専務
　　5) 努力　　　　6) 苦労

2　1) ①　　2) ④　　3) ②　　4) ④　　5) ④

3　1) 何か問題でもあったんですか。

　　2) それで、うれしくて何か力がでてきました。

　　3) この建物は200年前に建てられました。

● 聞き取り・書き取り練習

呼ばれた/あった/ほめられた/開かれた/ほめられ
/言われ/努力/認められる/がんばって/もっと

第16課

● 文型練習

1. ① 父に死なれてショックをうけました。
　② 学生に騒がれて困りました。
　③ 子供に泣かれて大変だったんです。
　④ 友達に来られて、勉強ができなかったんです。
　⑤ 先生に辞められて、困っています。

2. ① この絵はピカソによって描かれました。
　② このお寺は昔、韓国のお坊さんによって建てられました。
　③ 紙は木から作られます。
　④ お酒は米から作られます。

⑤ ハングルはセジョン大王によって創られました。

● 練習問題

1　1) 製品　　　　2) 一晩中
　　3) 騒ぐ　　　　4) 大仏
　　5) 天皇　　　　6) 居酒屋

2　1) ②　　2) ③　　3) ④　　4) ①　　5) ②

3　1) いくら、取られたんですか。
　　2) 電球はエジソンによって発明されました。
　　3) チーズは牛乳から作られます。

● 聞き取り・書き取り練習

盗まれた/盗まれた/すられて/取られた/ショック
/降られて/だるい/出して

第17課

● 文型練習

1. ① 息子に薬を飲ませました。
　② 学生に日本語の文章を読ませました。
　③ 学生に日記をつけさせました。
　④ 田中さんにごみを捨てさせました。
　⑤ 浅田さんに食器を洗わせました。

2. ① 家出をして、親を心配させました。
　② おもしろいことを言って、皆を笑わせます。
　③ 急に入ってきて、おいをびっくりさせました。
　④ 宝くじに当たって、皆を驚かせました。
　⑤ 期末テストで100点をとって、親を喜ばせました。

● 練習問題

1　1) 育てる　　　　2) 最初

235

3) 飼い主　　　　4) 家出
5) 本物　　　　　6) 注ぐ

② 1) ④　　2) ③　　3) ②　　4) ①　　5) ②

③ 1) ペットを育てるゲームです。

2) いろいろ教えないといけないんですね。

3) ご飯を食べさせたり、散歩させたりしないと、
飼い主が嫌になって、家出するらしいですよ。

● 聞き取り・書き取り練習

ニンテンドー/ゲーム/ペット/ゲーム/かわいい/最初
/覚えさせる/すわらせ/ジャンプ/いけないん/食べさ
せたり/散歩させたり/飼い主/注が

第18課

● 文型練習

1. ① 授業を見学させてください。
② 今日は私に払わせてください。
③ 何か手伝わせてください。
④ 先にお風呂に入らせてください。
⑤ 荷物を社員に持たせてください。
⑥ 意見を言わせてください。
⑦ 私に写真を撮らせてください。
⑧ 先生、私に答えさせてください。
⑨ 私にくじを引かせてください。
⑩ この服、試着させてください。

2. ① 泊まらせていただけませんか。
② 使わせていただけませんか。
③ はらせていただけませんか。
④ おごらせていただけませんか。
⑤ 考えさせていただけませんか。

3. ① 仕事をさせないでください。
② 驚かせないでください。

③ 泣かせないでください。

④ がっかりさせないでください。

⑤ 歌わせないでください。

● 練習問題

① 1) 部長　　　　2) 実は
3) 取らせる　　　4) 親孝行
5) 試着　　　　　6) 壁

② 1) ①　　2) ④　　3) ①　　4) ②　　5) ②

③ 1) それで、ちょっと休みを取らせていただきたい
んですが……。

2) 5日から2日ほど休みせていただけませんか。

3) ゆっくり、親孝行しておげてくだい。

● 聞き取り・書き取り練習

お願いがあるん/日本に来るん/休みを取らせて
/休ませて/親孝行/休ませて

第19課

● 文型練習

＊ 文章1
お座りください/ご注文はお決まりになりましたか/か
しこまりました/少々お待ちください/お待たせいた
しました/ごゆっくりお召し上がりください

＊ 文章2
ご予約のお客様ですか/申します/かしこまりました
/少々お待ちください/3名様/ご予約/様/お待ちし
ておりました/お部屋/ご案内いたします/様/お食
事/ご用意/ごゆっくりお召し上がりください。

236

＊文章3

かしこまりました/お名前/お願いいたします/いたしますので/少々お待ちください/お待たせいたしました/様/お荷物/お預かりしております/お届けしましょうか/かしこまりました/お届けいたします/お電話

●練習問題

1 1) 以前　　　　2) 入手
3) 後日　　　　4) 改めて
5) 伝える　　　6) 宅

2 1) ②　　2) ①　　3) ③　　4) ③　　5) ②

3 1) あ、お母様ですか。いつも、裕さんにお世話になっています。
2) 本日、入手いたしました。
3) よろしくお伝えください。

●聞き取り・書き取り練習

申します/いらっしゃい/申し訳/おりません/母様/お世話になって/ミュージカル/チケット/入手/お送りします/後日/お伝え/ありがとう

第1課

ゆうべはお酒を飲んでカラオケまで行きました。

어제는 술을 마시고 노래방까지 갔습니다.

ダイアローグ [아르바이트하는 곳에서]

中村(女) 김씨, 기운이 없네요.
キム(男) 어제 밤 샜습니다.
中村(女) 어제 밤에는 무엇을 했습니까?
キム(男) 어제는 술을 마시고 노래방까지 갔습니다.
　　　　 과음해서 머리가 아픕니다.
中村(女) 이걸 마셔 보세요.
　　　　 따뜻한 것과 차가운 것이 있는데 어느 쪽이 좋습니까?
キム(男) 따뜻한 것을 주세요.
中村(女) 약을 먹고 나서 천천히 쉬세요.
キム(男) 알았습니다.
中村(女) 기운내세요.
キム(男) 고맙습니다.

重要文法と表現

1. 動詞の「〜て(で)」 〜(해)서, 〜(하)고
   2) 「て形」の種類

   ① 단순접속(〜하고/〜해서)
   - 아침 일찍 일어나서 산책을 한다.
   - 일기를 쓰고 잔다.

   ② 원인/이유(〜해서)
   - 감기에 걸려서 병원에 간다.
   - 일본어 공부를 열심히 해서 잘하게 되었습니다.

2. 動詞の「て形」 + ください 〜해 주세요 /〜(하)세요
   - 미안합니다. 좀 기다려 주세요.
   - 일본어 책을 매일 읽으세요.

3. い形容詞 + の + を + ください 〜(한) 것 (을) 주세요.
   - 찬 것을 주세요.
   - 따뜻한 것과 차가운 것이 있는데 어느 쪽이 좋습니까?

4. 動詞の「て形」 + みる (한번) 해 보다
   - 한자를 몰라서 일본인 친구한테 물어 보았습니다.
   - 다음에는 저 가게의 케이크를 먹어 보겠습니다.

5. 動詞の「て」 + から 〜(하)고 나서, 〜한 뒤에
   - 야마다씨가 돌아간 뒤에 도미나가씨가 왔습니다.
   - 약을 먹고 나서 천천히 쉬세요.

第2課

タバコを吸いながらコーヒーを飲んでいる人はだれですか。

담배를 피우면서 커피를 마시고 있는 사람은 누구입니까?

ダイアローグ [커피숍에서]

山田(女) 아, 이씨 무엇을 보고 있습니까?
イー(男) 여행사진을 보고 있습니다. 학창시절 친구와…….
山田(女) 이 담배를 피우면서 커피를 마시고 있는 사람은 누구입니까?
イー(男) 송씨예요.
山田(女) 멋있네요.
イー(男) 그 사람은 지금 미국에 살고 있습니다.
　　　　 거기에서 한국 회사에 근무하고 있습니다. 이미 결혼했어요.
山田(女) 그렇습니까?
イー(男) 이 안경을 낀 사람과 결혼했습니다.
山田(女) 어머, 강아지도 있네요. 그런데 좀 살쪘네요.
イー(男) 내 애완동물이었는데 잘 먹었거든요.

1. 〜ている 〜고 있다, 〜어 있다

1) 進行 〜(하)고 있다

- 다나카씨는 지금 빨래방에서 빨래를 하고 있습니다.
- 야마다씨는 술을 마시고 노래방에서 노래하고 있습니다.
- 노무라씨는 학교식당에서 점심을 먹고 있습니다.

2) 状態 〜어 있다

- 학급 전체가 온천에 갔습니다.
- 사람이 죽었습니다.
- 사사키씨는 이미 학교에 와 있습니다.
- 저 아이는 아버지를 닮았습니다.
- 야마시타 선생님은 결혼했습니다.
- * 야마시타씨는 2년 전에 결혼했습니다.

2. 〜ながら 〜하면서

- 음악을 들으면서 공부를 한다.
- 텔레비전을 보면서 저녁을 먹는다.

第3課

チケットは予約してありますか。
티켓은 예약했습니까?

ダイアローグ [유니버설 스튜디오에서]

中村(女)	아주 즐겁네요.
キム(男)	다음에 가는 것은 더 재미있어요.
中村(女)	표는 예약했습니까?
キム(男)	아직입니다.
中村(女)	인기 있는 어트랙션이라 금새 만원이 돼요.
キム(男)	그럼 내가 예약해 놓겠습니다.
中村(女)	부탁드립니다.
キム(男)	저건 무법입니까? 화살표가 늘어서 있네요.
中村(女)	길안내겠지요. 저기에도 늘어서 있네요.
キム(男)	아, 담당자가 저기에도 늘어 놓고 있어요.

重要文法と表現

1. 〜てある(状態) 〜(되)어 있다

- 창문이 열려 있네요.
- 창문이 열려 있네요.
- 새 라면가게 앞에 사람들이 줄 서 있네요.
- 백화점 쇼윈도에 물건이 진열되어 있습니다.

＊注意

- 창문을 열고 있네요.
- 담당자가 저쪽에도 진열하고 있어요.

2. 〜ておく 〜(해) 두다, 〜(해) 놓다

- 요리를 만들어 놓습니다.
- 방은 깨끗하게 청소해 두었습니다.

3. 〜てしまう(完了、後悔と残念) 〜해 버리다

- 일본어 책을 읽어 버렸습니다.
- 다이어트 중인데 초콜릿을 전부 먹어 버렸습니다.
- 빌린 책을 잃어 버렸습니다.

＊注意

- 가 버렸다
- 놀아 버렸다.

第4課

ここでタバコを吸ってもいいですか。
여기에서 담배를 피워도 됩니까?

ダイアローグ [회사에서]

イー(男)	여기서 담배를 피워도 됩니까?
山田(女)	여기서는 담배를 피우면 안 됩니다.
イー(男)	저기서는 담배를 피워도 됩니까?
山田(女)	저기는 흡연실이니까 담배를 피워도 상관없습니다.
イー(男)	그럼, 다녀오겠습니다.
- - - - - -	(흡연실에서) - - - - - -
林(男)	아, 이씨. 담배꽁초는 그쪽에 버리면 안 됩니다.
イー(男)	역시 안 됩니까?
林(男)	이 재떨이에 버리세요.
イー(男)	알았습니다.
林(男)	그렇지만 지나친 흡연은 곤란합니다.

重要文法と表現

1. 許可の表現

1) 〜て(で)もいいです(か) 〜해도 됩니다(까)

- A : 밤늦게 전화해도 됩니까?
- B : 예, 괜찮아요.
- A : 화장실을 써도 됩니까?
- B : 예, 어서 쓰세요.

2) 〜て(で)もかまいません(か)」
〜해도 상관없습니다(까)

● A : 사전을 봐도 상관없습니까?
● B : 예, 상관없어요.
● A : 창문을 열어도 상관없습니까?
● B : 예, 그러세요.

2. 禁止の表現

1) 〜て(で)はいけません　〜해서는(하면) 안 됩니다」

● 밤늦게 전화하면 안 됩니다.

2) 〜て(で)はなりません　〜해서는(하면) 안 됩니다」

● 내일, 수술이라 술을 마시면 안 됩니다.

3) 〜だめです　〜해서는(하면) 안 됩니다

● 거짓말을 하면 안 됩니다.

4) 「〜て(で)はこまります」〜해서는(하면) 곤란합니다

● 도서관에서 휴대전화를 사용하면 곤란합니다.

3. 〜すぎる　너무 지나침, 과함

① 1グループ「u動詞(5段動詞)」

● 커피를 너무 마셔서 위가 아픕니다.

② 2グループ「ru動詞(1段動詞)」

● 밥을 너무 많이 먹어서 배가 아픕니다.

第5課

イーさんは歌わないでください
ね。 이씨는 노래하지 마세요.

ダイアローグ [가라오케에서]

林(男)　오늘은 모두 다 노래해야 합니다.
チェ(女)　이씨는 노래하지 않아도 됩니다.
林(男)　왜?
チェ(女)　이씨는 잘 못 부르니까 안 부르는 게 낫습니다.
山田(女)　나도 그렇게 생각해요. 이씨는 노래하지 마세요.
林(男)　아니오, 잘하고 못하고는 문제가 아닙니다.
모두가 노래하는 게 중요합니다. 그러니까 이씨도
노래하세요.

イー(男)　다행이다. 역시 하야시씨. 그럼, 열심히 부르겠습니다!!

重要文法と表現

2. 〜なければならない(義務の表現)　〜하지 않
으면 안 된다(〜해야 한다)

● 가네다씨한테 전화를 걸지 않으면 안 됩니다.
● 도서관에서는 조용히 하지 않으면 안 됩니다.

3. 〜なくてもいい(です)　〜지 않아도 된다(됩니
다)

● 오늘은 학교에 가지 않아도 됩니다.
● 아무것도 사지 않아도 됩니다.

4. 〜ないほうがいい(忠告)　〜하지 않는 편이 좋
다

● 건강을 위해 담배는 피우지 않는 편이 좋아요.
● 너무 무리하지 않는 편이 좋아요.

5. 〜ないでください　〜(하)지 마세요, 〜(하)지
말아 주세요

● 약속을 잊지 말아 주세요.
● 술을 마시지 말아 주세요.

第6課

ぐっすり寝たほうがいいですよ。
일찍 자는 편이 좋아요.

ダイアローグ [병원에서 – 다친 김씨에게]

中村(女)　김씨, 괜찮습니까?
キム(男)　예, 괜찮습니다.
中村(女)　큰일났었네요. 나도 넘어져서 다친 적이 있습니다.
キム(男)　그랬습니까?
中村(女)　밤에는 푹 잡니까?
キム(男)　아니오, 만화만 읽고 있습니다.
中村(女)　예? 만화 말입니까?
キム(男)　예. 그래서 바로 최근에 간호사한테 주의를 받았습니다.
中村(女)　역시, 다쳤을 때는 푹 자는 편이 좋습니다.
キム(男)　예, 그렇게 하겠습니다.

重要文法と表現

2. ～たことがある (経験)　～한 적이 있다

- 감기에 걸려서 학교를 쉰 적이 있다.
- 일본 온천에 간 적이 있습니다.

3. ～ばかり

1) 名詞＋ばかり (限定)　～만

- 소설만 읽고 있습니다.
- 항상 일만 하고 있습니다.

2) 動詞～ばかり (動作の完了)　막 ～했다

- 막 들어간 회사를 그만두었습니다.
- 디지털카메라를 막 시작한 사람이라도 알기 쉽습니다.

4. ～(た)ほうがいい (勧誘、忠告)　～하는, (한) 편이 좋다

1) 勧誘

- 일본어 공부는 매일 하는 편이 좋습니다.
- 감기 걸렸을 때는 푹 쉬는 편이 좋습니다.

2) 忠告

- 야채와 과일은 매일 먹는 편이 좋아요.
- 실내에서는 담배는 피우지 않는 편이 좋아요.

第7課

何か食べたり、飲んだりしてもいいですか？
뭔가 먹거나 마시거나 해도 됩니까?

ダイアローグ　[회사 휴게실에서]

山田(女)　이씨, 만키츠에 간 적이 있습니까?
イー(男)　만키츠 말입니까? 모르겠습니다. 어떤 곳입니까?
山田(女)　만키츠는 여러 가지 만화가 놓여 있는 찻집을 말합니다.
イー(男)　뭔가 먹거나 마시거나 해도 됩니까?
山田(女)　괜찮아요. 일본에서는 아이부터 어른까지 많은 사람들이 만화를 읽기 때문에 아주 인기가 있는 곳입니다.
イー(男)　야마다씨도 만키츠에 가면 만화를 읽거나 게임을 하거나 합니까?
山田(女)　물론입니다. 간혹 식사도 하거나 합니다.
イー(男)　예에? 한번 가고 싶군. 어디에 있습니까?
山田(女)　흔히 역 앞에 있어요. 밤늦게까지 영업하니까 다음에 같이 가 봅시다.
イー(男)　예, 꼭 같이 가고 싶습니다.

---

2. 動詞の「たら形」(助動詞「た」の 仮定表現)　～(하)면

- 오사카에서 쇼핑을 하거나 오코노미야키를 먹거나 합니다.
- 오사카에 가면 쇼핑을 하거나 합니다.
- 일본에 도착하면 연락해 주세요.

3. 名詞／イ形容詞／ナ形容詞＋「たり」

1) 名詞

- 빵이거나 과자이거나 합니다.

2) い形容詞

- 재미있거나 어렵거나 합니다.

3) な形容詞

- 친절하거나 성실하거나 합니다.

4. 名詞／い形容詞／な形容詞＋「たら」

1) 名詞

- 당신의 부탁이라면 들어 주겠습니다.

2) い形容詞

- 먹어 보고 맛있으면 사 주세요.

3) な形容詞

- 좀 더 교통이 편리하면 좋을 텐데.

第8課

天気がよければ、釣りに行きます。
날씨가 좋으면 낚시하러 갈 겁니다.

ダイアローグ　[낚시 도구 가게 앞에서]

パク(女)　다나카씨 내일은 무엇을 할 겁니까?
田中(男)　내일은 날씨가 좋으면 낚시하러 갈 겁니다.
パク(女)　다나카씨는 이 계절이 되면 항상 낚시하러 가는군요.
田中(男)　예, 이 계절은 낚시하기엔 최고지요.
パク(女)　다나카씨는 낚시를 잘 하세요?
田中(男)　예, 뭐, 잘한다기보다 좋아할 뿐입니다만.
パク(女)　또 그렇게 겸손하시니!! 뭔가 기술이 있습니까?
田中(男)　기술이라기보다 낚시하러 가면 갈수록 잘하게 되지요.
パク(女)　다나카씨, 왠지 멋있네요.
田中(男)　그렇지도 않아요.

241

1. ～ば（仮定条件）　～(하)면

1) 動詞

① 1 グループ「u동사(5 段動詞)」

- 뛰어가면 전철시간에 늦지 않습니다.
- 선생님께 물어보면 됩니다.
- 이 약을 먹으면 괜찮습니다.

② 2 グループ「ru동사(1 段動詞)」

- 아침을 제대로 먹으면 건강해집니다.
- 하루 종일 텔레비전만 보면 눈이 나빠집니다.

③ 3 グループ「불규칙 동사」

- 겨울이 오면 추워집니다.
- 아라시가 한국에 오면 나는 콘서트에 반드시 갈 겁니다.

2. 動詞の辞書形 ＋ ～と　～하면

- 다나카씨가 고향으로 돌아가면 쓸쓸해집니다.
- 밤이 되면 마을이 조용해집니다.

3. 動詞の仮定形「～ば」 ＋ 動詞の辞書形 ＋ ほど　～하면 ～할수록

- 일본어는 공부하면 할수록 어려워지네요.
- 최근에 먹으면 먹을수록 먹고 싶어진다.

第9課

このマークはタバコを吸うなという意味です。

이 마크는 담배를 피우지 말라는 의미입니다.

ダイアローグ　[회사 회의실에서]

林(男)	오늘은 사내 안전에 대해 생각합시다.
チェ(女)	저(미안합니다) 이 마크는 무엇입니까?
林(男)	이 마크는 담배를 피우지 말라는 의미입니다.
チェ(女)	저 마크는 무엇입니까?
林(男)	공장에서는 안전모를 쓰라는 의미입니다.
チェ(女)	저것은 무엇입니까?
林(男)	비상시에는 우선 정확한 지시를 들으라는 것입니다.
チェ(女)	안전을 위해 여러 가지 궁리를 해 두었군요.
林(男)	우선 안전이 있어야지 일을 안심하고 할 수 있지요.
チェ(女)	잘 알았습니다.

---

1. 動詞の命令形

1)
① 1 グループ「u동사(5 段動詞)」

- 빨리 가라.
- 멈춰라.

② 2 グループ「ru동사(1 段動詞)」

- 제대로 먹어라.
- 저쪽을 봐라.

③ 3 グループ「불규칙 동사」

- 빨리 해라.
- 이쪽으로 와라.

2) 動詞の「ます形」 ＋ ～なさい　～해라, ～해요

① 1 グループ

- 남이 하는 말을 들어요.
- 약속을 잘 지켜요.

② 2 グループ

- 천천히 먹어요.
- 빨리 일어나요.

③ 3 グループ

- 놀고만 있지 말고 공부를 해요.
- 내일까지는 꼭 와요.

3. 動詞 終止形 ＋ な　～(하지) 마

- 내일부터는 지각하지 마.
- 두 번 다시 오지 마.

4. ～という ＋ 名詞　～라는 ～다
～という ＋ 意味　～라는 의미이다

- 이것은 버찌라는 과일입니다.
- 도미나가씨라는 사람한테서 전화가 왔다.
- 이 마크는 수영하지 말라는 의미입니다.

5. ～ために　～를 위해(서)

1) 名詞＋の＋ために

- 건강을 위해 매일 아침 공원을 산책합니다.
- 사랑을 위해서는 죽어도 좋습니다.

2) 動詞の辞書形＋ために

- 일본어 전문가가 되기 위해서 일본어 공부를 한다.
- 집을 사기 위해 아침부터 밤까지 일한다.

第10課
だい じゅっ か

納豆が食べられるようになりました。
낫토를 먹을 수 있게 되었습니다.

ダイアローグ [각자 가지고 온 음식 파티를 하면서]

イー(男) 최근에 이렇게 각자가 음식을 가져와서 하는 파티가 유행이군요.
山田(女) 잘 하는 요리를 가져오면 사람 수만큼의 요리를 즐길 수 있습니다.
イー(男) 와, 여러 가지 요리가 있군요.
山田(女) 이씨, 일본 요리는 어떻습니까? 무엇이든지 먹을 수 있습니까?
イー(男) 되도록 무엇이든지 먹도록 하고 있습니다.
山田(女) 훌륭하군요.
イー(男) 최근에 낫토를 먹을 수 있게 되었습니다.
山田(女) 낫토는 건강식품이지요. 다이어트에도 좋습니다.
イー(男) 좋아, 앞으로도 열심히 낫토를 먹겠습니다.
山田(女) 나도. 그럼, 잘 먹겠습니다.

重要文法と表現

1. 可能動詞 ~할 수 있다, ~할 능력이 있다
か のう どう し

1) 1グループ「u동사(5段動詞)」
ご だんどう し
- 나도 일본어를 말할 수 있다.
- 김씨는 피아노를 잘 칠 수 있군요.

2) 2グループ「ru동사(1段動詞)」
いちだんどう し
- 월요일은 전기제품을 버릴 수 있는 쓰레기 날입니다.
- 제 아내는 종교 문제로 돼지고기는 먹을 수 없습니다.

③ 3グループ「불규칙 동사」
- 일본어를 할 수 있는 사람, 없습니까?
- 최씨, 상처는 이제 괜찮습니까? 내일 시험에 올 수 있지요.

2. 動詞の辞書形 + ことができる ~할 수가 있다
どう し じ しょけい
- 일본어로 편지를 쓸 수 있습니까?
- 간신히 50m까지는 헤엄칠 수가 있었습니다.

3. 動詞可能形、辞書形、動詞ない形 + ~ようになる ~하게 되다
どう し か のう じ しょけい どう し けい

~ようにする ~하도록 하다

1) ~ようになる
- 일본어과에 들어와서 일본어를 알 수 있게 되었습니다.
- 일찍 일어나면 아침을 먹을 수 있게 됩니다.

2) ~ようにする
- 되도록 고기는 먹지 않도록 하고 있다.
- 그녀가 싫어하는 말은 하지 않도록 했다.

第11課
だい じゅういっ か

明日は 晴れるようですよ。
내일은 개일 것 같아요.

ダイアローグ [커피숍에서]

田中(男) 박씨, 오늘 석양 보았습니까?
パク(女) 예, 예뻤지요. 내일은 개일 것 같아요.
田中(男) 그래요.
パク(女) 게다가 이제 장마는 개인 것 같습니다.
田中(男) 그렇지만 2,3일 후에는 태풍이 올 것 같아요.
パク(女) 요전 번의 것이 컸기 때문에 다음 태풍도 클지 모르겠군요.
田中(男) 그럴 리는 없습니다. 어제 텔레비전 뉴스에서는 작을 거라고 했으니 크지 않을 겁니다.
パク(女) 그렇습니까? 역시 다나카씨는 언제나 정확하고 선배답군요.
田中(男) 그렇지도 않습니다.

重要文法と表現

1. 推量表現
すいりょうひょうげん
- 다나카씨는 이미 결혼한 것 같습니다.
- 마이클씨는 최근에 아르바이트를 시작한 것 같군요.
- 니시야마씨는 공항으로 친구를 마중나간 것 같습니다.
- 일기예보에 의하면 내일은 비가 올 것 같다.
- 다음 주에는 일본어 시험이 있을지도 모른다.
- 그는 여기에 올 것이다.

2. 名詞 + ~ようだ／~みたい／~らしい／~かもしれない／~はず
めい し
- 밖에는 비가 오는 것 같습니다.
- 이씨는 비서 같습니다.
- 모두의 소문에 의하면 저 사람은 자기 나라에서는 꽤 유명한 것 같습니다.

- 그는 형사일지도 모릅니다.
- 그녀는 고등학생일 겁니다.

3. い形容詞 ＋ 〜ようだ／〜みたい／〜らしい／〜かもしれない／〜はず

- 올해는 작년보다 춥지 않을 것 같습니다.
- 야마카와씨는 오늘 쉽니다. 컨디션이 나쁜 것 같습니다.
- 하와이는 더운 것 같습니다.
- 어제 강의는 시끄러웠을지도 모른다.
- 오키나와의 여름은 더울 것이다.

4. な形容詞 ＋ 〜ようだ／〜みたい／〜らしい／〜かもしれない／〜はず

- 그는 친절한 것 같습니다.
- 나카무라 형사는 고집이 센 것 같군요.
- 직원실의 야마다씨는 수수한 것 같습니다.

第12課

来月営業部の佐藤さんが結婚するそうですね。
다음 달에 영업부의 사토씨가 결혼한대요.

ダイアローグ [스키장 휴게실에서]

林(男)	이 상태라면 눈이 올 것 같은데요.
山田(女)	예, 멋지네요.
林(男)	그런데, 다음달에 영업부의 사토씨가 결혼한대요.
山田(女)	예, 오다이바에서 결혼식을 올릴 예정입니다.
林(男)	야마다씨의 결혼 예정은요?
山田(女)	나도 3년 이내에는 결혼할 생각입니다.
林(男)	예!? 상대는 있습니까?
山田(女)	그게, 아직입니다.
林(男)	그럼, 빨리 찾아야지요.
山田(女)	다음 봄에 찾을 생각입니다.
林(男)	분발하세요.
山田(女)	예, 결혼활동, 분발하겠습니다.

重要文法と表現

1. 〜そうだ(様態) 〜인 것 같다(〜어 보인다)

1) 動詞

① 1グループ「u動詞(5段動詞)」
- 금방이라도 비가 올 것 같습니다.

② 2グループ「ru動詞(1段動詞)」
- 배가 고파서 뭐든지 먹을 수 있을 것 같습니다.
- 꽃병이 선반에서 떨어질 것 같습니다.

③ 3グループ「불규칙 동사」
- 오늘은 손님이 많이 올 것 같습니다.

2) い形容詞
- 이 케이크는 맛있어 보이네요.

3) な形容詞
- 이 주변은 교통은 불편하지만 매우 조용할 것 같네요.

2. 〜そうだ(伝聞) 〜라고 한다

1) 動詞

① 1グループ「u動詞(5段動詞)」
- 내일은 비가 온다고 합니다.

② 2グループ「ru動詞(1段動詞)」
- 그는 무엇이든 먹는다고 합니다.

③ 3グループ「불규칙 동사」
- 오늘은 손님이 많이 온다고 합니다.

2) い形容詞
- 일본어 수업은 즐겁다고 합니다.

3) な形容詞
- 이 주변은 교통은 불편하지만 매우 조용하다고 하네요.
- 와타나베 선생님은 매우 친절하다고 합니다.

3. 〜つもりだ／〜予定だ」(意思・計画・予定) 〜할 생각이다, 〜할 예정이다

- 오늘부터 일본어 공부를 열심히 할 생각입니다.
- 다음 주에 미국으로 여행갈 생각입니다.
- 크리스마스는 그와 함께 뉴욕에서 지낼 예정이다.

第13課

私も佐藤さんの結婚式に行こうと思っています。
나도 사토씨의 결혼식에 가려고 생각하고 있습니다.

ダイアローグ [포장마차에서 어묵을 먹으면서]

山田(女)	다음 주가 사토씨 결혼식이지요.
イー(男)	나, 참가할 예정이에요.
山田(女)	나도 사토씨 결혼식에 가려고 생각하고 있습니다.
イー(男)	같이 갑시다.
山田(女)	알았습니다. 갑시다.
イー(男)	멋지겠지요.
山田(女)	그렇게 생각하겠죠.
イー(男)	야마다씨도 웨딩드레스를 동경하는 거 아닙니까?
山田(女)	물론입니다. 나도 3년 이내에는 멋진 웨딩드레스를 입으려고 생각하고 있습니다.
イー(男)	그때는 나도 불러 주세요.
山田(女)	물론입니다.

重要文法と表現

1. 動詞の意思形／勧誘形：～(よ)う

3) 動詞の意思形と勧誘形の活用

① １グループ「u動詞(５段動詞)」
- 내년에 일본에 가야지(가자).
- 내일은 휴일이니까, 오늘밤에는 마시러 가야지(가자).

② ２グループ「ru동사(１段動詞)」
- 레스토랑에서 점심을 먹어야지(먹자).
- 주말에 영화를 봐야지(보자).

③ ３グループ「불규칙 동사」
- 내일 아침부터 조깅을 해야지(하자).
- 김씨, 이 가게 맛있어. 내일 또 오자.

2. ～(よ)うと思う／～(よ)うと思っている
～하려고 생각하다
- 새 구두를 사려고 생각합니다.
- 지난주부터 새 구두를 사려고 생각하고 있습니다.

3. ～だろう ～겠지
- 열심히 공부했으니 반드시 시험에 합격하겠지.
- 내일도 학교에 가겠지요.
- 일본어는 어렵겠지.
- 일본어는 어렵겠지요.
- 그녀는 일본과 출신이니까 일본어를 잘하겠지.
- 저 사람은 한국 사람이 아니지요.
- 이시이씨도 축구에 흥미가 있을 거라고 생각합니다.

第14課

何か買ってあげたいんだけど。
뭔가 사 주고 싶은데.

ダイアローグ　[전철 안에서]

(전철 안에서 – 선물이야기를 하고 있다)

田中(男)	박씨, 이번 생일에 갖고 싶은 게 있습니까? 뭔가 사 주고 싶은데…….
パク(女)	에! 정말입니까? 기뻐요.
田中(男)	무엇이든지 말하세요(요구하세요).
パク(女)	하지만 요전에 목걸이도 받았고, 미안해서요.
田中(男)	괜찮아요.
パク(女)	다나카군한테 맡길게요.
田中(男)	알았습니다. 기대해 주세요.
パク(女)	이거 기억나요? 2년 전에 처음 만났을 때 사 준 키홀더입니다.
田中(男)	예. 그로부터 벌써 2년. 세월 빠르네요.
パク(女)	다나카군 덕에 일본 생활도 매주 즐겁고(즐거워서), 대단히 감사하고 있습니다.
田中(男)	앞으로도 사이좋게 힘냅시다.

重要文法と表現

1. 授受表現「物」

1)
①
- 나는 모토다씨에게 손수건을 주었습니다.
- 모토다씨는 옆집 사람한테 감을 주었습니다.

②
- 나는 고양이한테 먹이를 주었다.

2)
- 다나카씨가 여동생한테 봉제인형을 주었습니다.
- 형이 (나에게) 모자를 주었습니다.

3)
- 나는 친구한테 책을 받았습니다.

*
- 언니(누나)가 나에게 헌옷을 주었습니다.
- 나는 언니(누나)한테 헌옷을 받았습니다.

2. 授受表現「行為」

1)
①
- 친구한테 숙제를 도와 주었습니다.

- 김씨는 야마다씨한테 식사를 대접했습니다.

②
- 아기한테 장난감을 사 주었습니다.

2)
- 학생이 가방을 들어 주었습니다.
- 이것은 내 대신에 남동생이 써 준 러브레터입니다.

3)
- 요전에 야마카와씨한테 일본 선물(토산품)을 사 받았습니다.
- 아사다씨한테 저녁을 대접받았습니다.

第15課
だい じゅうご か

昨日、社長に呼ばれたんですよ。
어제 사장님한테 불려갔어요.

ダイアローグ [회사 복도에서]

イー(男)　어제 사장님한테 불려갔어요.
林(男)　뭔가 문제라도 있었습니까?
イー(男)　아니오, 문제가 아니라 칭찬받았습니다.
山田(女)　에, 어떤 일로요?
イー(男)　지난 주에 신제품 전시회가 열렸는데 거기에 출품한 제품의 평판이 아주 좋았다고 칭찬받았습니다.
山田(女)　그래요?
イー(男)　전무님도 아주 잘 만들어졌다고 했습니다.
林(男)　잘됐네요.
イー(男)　그래서 기뻐서 왠지 기운이 났습니다.
山田(女)　포기하지 않고 노력하면 노고는 반드시 인정받아요.
林(男)　앞으로도 열심히 하세요.
イー(男)　감사합니다. 더욱 더 열심히 하겠습니다.

重要文法と表現

1.
- 아버지가 남동생을 야단쳤다.
- 남동생이 아버지한테 야단맞았다.

1)
- 친구한테 심한 소리를 들어서 쇼크를 받았습니다.
- 오늘은 선생님한테 칭찬 들어서 아주 기분이 좋습니다.
- 이거 부장님한테 부탁받은 서류입니다.
- 저 탤런트는 모두에게 존경받고 있습니다.

2)
- 전철 안에서 젊은 여자한테 발을 밟혔습니다.
- 남동생이 자전거를 부수었습니다.

3)
- 이 건물은 200년 전에 세워졌습니다.
- 2008년 올림픽은 북경에서 열렸습니다.
- 입학식은 4월 3일에 거행됩니다.

第16課
だい じゅうろっ か

実はさいふを盗まれたんです。
실은 지갑을 도난당했습니다.

ダイアローグ [학교 교실에서]

田中(男)　무슨 일입니까? 박씨, 기운이 없네요.
パク(女)　실은 어제 지갑을 소매치기당했습니다.
田中(男)　에!? 어디에서 소매치기당했습니까?
パク(女)　백화점입니다. 걸어가고 있는 중에 지갑을 소매치기당해서…….
田中(男)　얼마 잃어버렸습니까?
パク(女)　아르바이트비 전부입니다.
田中(男)　쇼크로군요.
パク(女)　게다가 돌아오는 길에는 비를 맞아서 감기에 걸려 버렸습니다.
田中(男)　괜찮습니까?
パク(女)　몸이 좀 나른합니다.
田中(男)　무리하지 말고, 오늘은 빨리 쉬고 기운차리세요.

重要文法と表現

1.
- 밤새 옆집사람이 떠들었다.
- 러브레터를 어머니가 읽어버려서 창피했습니다.
- 챙겨둔 케이크를 여동생이 먹어 버렸습니다.

2.
1)
A. 친구가 놀러 왔습니다.
B. (원치 않는데) 친구가 놀러 왔습니다.

2)
A. (원치 않는데) 친구가 내 편지를 읽어버렸습니다.
B. 친구가 내 편지를 읽어주었습니다.

3.
1)
- 성서는 온 세상 사람들한테 읽히고 있습니다.
- 김치는 한국 사람들이 자주 먹고 있습니다.

2)
- 여러 나라에서 영어가 말해지고 있습니다.
- 세계에서 한국 김치가 주목받고 있습니다.

4.
1)
- 미국은 콜럼부스에 의해 발견되었습니다.
- 비행기는 라이트형제에 의해서 발명되었습니다.
- 전구는 에디슨에 의해 발명되었습니다.
- 나라의 큰불상은 옛날 천황에 의해서 세워졌습니다.

2)
- 이 절은 나무로 만들어졌습니다.
- 치즈는 우유로 만들어집니다.
- 맥주는 보리로 만들어졌습니다.

5.
- 나는 친구한테 좋은 술집을(이자카야를) 소개받았습니다.
- 세종대왕은 한국인한테 존경받고 있습니다.

第17課
だい じゅうなな か

座らせたり、ジャンプさせたりします。 앉게 하거나 점프하게 하거나 합니다.

ダイアローグ [학교 교정에서]

パク(女)	나카무라씨 무엇을 하고 있습니까?
中村(女)	닌텐도 DS입니다.
パク(女)	어떤 게임입니까?
中村(女)	애완동물을 키우는 게임입니다.
パク(女)	어머, 개가 귀엽네요.
中村(女)	제일 먼저 이름을 불러 자기 이름을 기억하게 합니다.
パク(女)	어머~.
中村(女)	그리고나서 앉게 하거나 점프하게 하거나 합니다.
パク(女)	여러 가지로 가르쳐야 하네요.
中村(女)	밥을 먹게 하거나 산책시키거나 하지 않으면 기르는 주인이 싫어져서 가출을 하는 것 같습니다.
パク(女)	진짜와 똑같아서 역시 사랑을 쏟지 않으면 안 되네요.

重要文法と表現

1.
4)
- 교수는 학생에게 레포트를 제출하게 한다.
- 어머니는 아이한테 당근을 먹게 한다.

- 어머니는 아이한테 만화를 읽게 한다.
- 어머니는 딸한테 비디오를 보게 한다.

5)
- 감독은 선수를 달리게 했다.
- 어머니는 아이를 일본에서 공부시킵니다.
- 어머니는 놀이터에서 밤늦게까지 아이를 놀렸다.
- 나는 결혼기념일을 잊어버려 아내가 화를 내게 하고 말았습니다.

第18課
だい じゅうはっ か

2日ほど 休ませていただけませんか。 이틀쯤 쉬게 해 주시지 않겠습니까?

ダイアローグ [부장실에서]

チェ(女)	부장님, 지금 (잠깐) 괜찮겠습니까?
部長(男)	예, 들어오세요.
チェ(女)	부탁이 좀 있습니다만…….
部長(男)	뭐죠?
チェ(女)	실은 다음달 한국에서 부모님이 일본에 옵니다.
部長(男)	그렇군요.
チェ(女)	그래서 좀 휴가를 내 주셨으면 합니다만…….
部長(男)	다음달 언제죠?
チェ(女)	5일부터 이틀 정도 쉬었으면 합니다.
部長(男)	알겠습니다. 충분히 효도하세요.
チェ(女)	죄송합니다. 그럼, 5일과 6일 쉬겠습니다.

重要文法と表現

1.
1)
- 그 일은 꼭 저한테 시켜 주세요.
- 언제나 신세를 지니까 여기는 저한테 내게 해 주세요.
- 부장님 이번 출장은 꼭 저한테 가게 해 주세요.

2)
- 그 건에 대해서는 좀 더 생각하게 해 줄 수 없습니까?
- 이번 한일교류에 저를 참가하게 해 주실 수 없습니까?
- 죄송하지만 여기에서 손을 씻게 해 주실 수 없습니까?

3)
- 배가 아파지니 더 이상 나를 웃기지 말아 주세요.
- 이제 당신 일로 울고 싶지 않으니 나를 울리지 말아 주세요.
- 이 이상 나를 외롭게 하지 말아 주세요.

こちらこそお世話になっています。

저야말로 신세를 졌습니다.

ダイアローグ [집에서]

パク(女)	여보세요. 저, 박지연이라고 합니다만. 히로시씨 계십니까?
田中の母(女)	아, 박지연씨. 미안해요. 히로시는 지금 없는데요…….
パク(女)	아, 어머님이세요. 항상 히로시씨한테 신세를 지고 있습니다.
田中の母(女)	아니에요. 저희야말로 신세가 많습니다.
パク(女)	어머니 일전에 말씀드린 뮤지컬 티켓 말인데요. 오늘 들어왔습니다.
田中の母(女)	아, 그래요.
パク(女)	오늘 보내드릴 테니 2, 3일 기다려 주세요.
田中の母(女)	알았습니다. 기대하고 있겠습니다.
パク(女)	그럼, 후일 다시 전화 드리겠습니다. 히로시씨한테도 잘 전해 주세요.
田中の母(女)	예, 매우 감사합니다.

重要文法と表現

1.
  1)
  ①
  ● 선생님은 이미 (집에) 돌아가셨습니다.
  ● 다나카씨는 지난달에 회사를 그만두셨습니다.
  ● 택배로 보내주십시오.

  ②
  ● 어서 오세요.
  ● 천천히 드세요.

● 선생님께서 아까 무어라고 말씀하셨습니까?
● 어제 푹 주무셨습니까?

2)
①
● 내일 도쿄역에서 기다리고 있겠습니다.
● 여러분께 알려드리고 싶은 것이 있습니다.
● 이 우산 돌려드리겠습니다.
● 나중에 연락드리겠습니다.

②
● 전철이 들어오니. 흰 선 안쪽으로 물러서 주십시오.
● 처음 뵙겠습니다. 다나카라고 합니다.
● 편지를 잘 받아보았습니다.
● 다음주에 댁으로 찾아뵙겠습니다.
● 내일 뵙겠습니다.

3)
● 오늘은 월요일입니다.
● 이것은 일본어로 무엇이라고 합니까?
● 화장실은 이쪽입니다.
● 생신 축하드립니다.

4)
①
● 이 그림은 다나카 선생님께서 그리셨습니다.
● 선생님께서 이 그림을 사셨습니다.

②
● 선생님, 벌써 일어나셨습니까?
● 선생님은 언제부터 일본어 공부를 시작하셨습니까?

③
● 부장님은 언제 오십니까?
● 일본의 어디에서 쇼핑을 하셨습니까?

일본어
멀티스터디의 모델

ありがとう
아　리　가　と　또

日本語②
일　본　어

윤호숙 · 겐코히로아키 · 김희박 공저

특★부록

★ **오디오 CD** 1장
★ 기초한자 **펜맨십**
★ 네이티브 녹음 **MP3 무료다운로드**
★ 회화 본문 **동영상 무료 제공**

〈아리가또 일본어 시리즈〉는 현직 일본어과 대학교수와 학원 원장이 집필에 참여, 학교교육과 사회교육의 장점만을 가려
뽑아 구성하였습니다. 다양화하는 교육 현장의 요구에 가장 완벽하게 대응하는 멀티스터디 일본어 교재의 표준입니다.

Nihongo
Factory

● 윤호숙

·한국외국어대학교 대학원 일본어과 졸업
·일본문부성 국비유학
·국립 일본히로시마대학교 일본어교육학부 박사
·한국일본언어문화학회 회장 역임
·한국고등학교 일본어교과서 검정위원
·동경외대 국제일본연구센터 국제편집고문
·현, 사이버한국외국어대학교 일본어학부 교수
·저서_『아리가또 일본어 1·2·회화』(공저, 니혼고 팩토리, 2009)

● 겐코히로아키(檢校裕朗)

·고려대학교 대학원 비교문화협동과정(언어문화) 박사수료
·대한민국 최초 검정교과서 외국인대표저자(중학교일본어)
·세계일본어교육 J-GAP프로젝트 한국공동대표
·EBS라디오 초급/중급 일본어 강좌 출연강사
·현, 극동대학교 일본어학과 교수
·저서_『아리가또 일본어 1·2·회화』(공저, 니혼고 팩토리, 2009)

● 김희박

·경남대학교 사범대학 일어교육과 졸업
·야마구찌대학원 국제문화학 석사
·전, 김희박일본어학원 원장
·현, 중앙대학교 어린이일본어 지도사과정 교수
·저서_『아리가또 일본어 1·2·회화』(공저, 니혼고 팩토리, 2009)
　　　『JLPT KING 독해 N1·N2·N3』(공저, 니혼고 팩토리, 2010)

니혼고 팩토리(Nihongo Factory)는 일본어 교재를
전문으로 출판하는 BM Book Media Group의 임프린트입니다.

ありがとう
アリガトー

日本語 ②
일본어

기초한자 펜맨십

Nihongo
Factory

気							
기운 기　음 き/け						気気気気気気	

休							
쉴 휴　훈 やすむ/やすまる/やすめる　음 きゅう						休休休休休休	

早							
이를 조　훈 はやい/はやまる/はやめる　음 そう/さっ						早早早早早早	

夕							
저녁 석　훈 ゆう　음 せき						夕夕夕	

正							
바를 정　훈 ただしい/ただす/まさ　음 せい/しょう						正正正正正	

食							
먹을 식　훈 たべる/くう　음 しょく/じき					食食食食食食食食食		

午							
낮 오　음 ご						午午午午	

前							
앞 전　훈 まえ　음 ぜん					前前前前前前前前前		

後							
뒤 후　훈 あと/のち/うしろ/おくれる　음 ご/こう					後後後後後後後後後		

今								
이제 금	훈 いま 음 こん/きん						今 今 今 今	

何								
어찌 하	훈 なに/なん 음 か					何 何 何 何 何 何 何		

時								
때 시	훈 とき 음 じ			時 時 時 時 時 時 時 時 時				

半								
반 반	훈 なかば 음 はん						半 半 半 半 半	

分								
나눌 분	훈 わける/わかれる/わかる/わかつ 음 ぶん/ふん/ぶ						分 分 分 分	

朝								
아침 조	훈 あさ 음 ちょう		朝 朝 朝 朝 朝 朝 朝 朝 朝 朝 朝					

歩								
걸음 보	훈 あるく/あゆむ 음 ほ/ぶ/ふ				歩 歩 歩 歩 歩 歩 歩 歩			

昼								
낮 주	훈 ひる 음 ちゅう				昼 昼 昼 昼 昼 昼 昼 昼 昼			

元								
으뜸 원	훈 もと 음 げん/がん						元 元 元 元	

帰								
돌아갈 귀	훈 かえる/かえす 음 き			帰 帰 帰 帰 帰 帰 帰 帰 帰 帰				

3

夜									
밤 야	훈 よ/よる 음 や						夜夜夜夜夜夜夜夜		

方									
모 방	훈 かた 음 ほう							方方方方	

湯									
끓일 탕	훈 ゆ 음 とう				湯湯湯湯湯湯湯湯湯湯湯湯				

秒									
분초 초	음 びょう					秒秒秒秒秒秒秒秒秒			

急									
급할 급	훈 いそぐ 음 きゅう					急急急急急急急急急			

着									
붙을 착	훈 きる/きせる/つく/つける 음 ちゃく/じゃく	着着着着着着着着着着着							

起									
일어날 기	훈 おきる/おこる/おこす 음 き				起起起起起起起起起起				

乗									
탈 승	훈 のる/のせる 음 じょう					乗乗乗乗乗乗乗乗乗			

働									
일할 동	훈 はたらく 음 どう			働働働働働働働働働働働働					

飯									
밥 반	훈 めし 음 はん				飯飯飯飯飯飯飯飯飯飯飯飯				

洗										
씻을 세	훈 あらう 음 せん						洗洗洗洗洗洗洗洗洗			

2. 숫자, 요일, 조수사

一										
한 일	훈 ひと/ひとつ 음 いち/いつ									一
二										
두 이	훈 ふた/ふたつ 음 に								二	二
三										
석 삼	훈 み/みつ/みっつ 음 さん							三	三	三
四										
넉 사	훈 よ/よつ/よっつ/よん 음 し						四	四	四	四 四
五										
다섯 오	훈 いつ/いつつ 음 ご							五	五	五 五
六										
여섯 륙	훈 む/むつ/むっつ/むい 음 ろく							六	六	六 六
七										
일곱 칠	훈 なな/ななつ/なの 음 しち								七	七

八									
여덟 팔 　🄀 や/やつ/やっつ/よう 🄂 はち									八　八
九									
아홉 구 　🄀 ここの/ここのつ 🄂 きゅう/く									九　九
十									
열 십 　🄀 とお/と 🄂 じゅう/じっ									十　十
百									
일백 백 　🄂 ひゃく							百 百 百	百 百 百	
千									
일천 천 　🄀 ち 🄂 せん								千 千 千	
年									
해 년 　🄀 とし 🄂 ねん							年 年 年	年 年 年	
月									
달 월 　🄀 つき 🄂 げつ/がつ								月 月 月 月	
火									
불 화 　🄀 ひ/ほ 🄂 か								火 火 火 火	
水									
물 수 　🄀 みず 🄂 すい								水 水 水 水	
木									
나무 목 　🄀 き/こ 🄂 もく/ぼく								木 木 木 木	

金								
쇠 금　훈 かね/かな　음 きん/こん						金 金 金 金 全 金 金 金		

土								
흙 토　훈 つち　음 ど/と								土 土 土

日								
날 일　훈 ひ/か　음 にち/じつ							日 日 日 日	

人								
사람 인　훈 ひと　음 じん/にん								人 人

円								
둥글 원　훈 まるい　음 えん							円 円 円 円	

毎								
매양 매　음 まい						毎 毎 毎 毎 毎 毎		

週								
주일 주　음 しゅう			週 週 週 週 週 週 週 週 週 週					

万								
일만 만　음 まん/ばん								万 万 万

曜								
빛날 요　음 よう		曜 曜 曜 曜 曜 曜 曜 曜 曜 曜 曜 曜 曜 曜 曜 曜						

回								
돌아올 회　훈 まわる/まわす　음 かい/え							回 回 回 回 回 回	

7

番								番番番番番番番番番番番番
차례 번 음 ばん								
第								第第第第第第第第第第第第
차례 제 음 だい								
倍								倍倍倍倍倍倍倍倍倍倍
곱 배 음 ばい								
等								等等等等等等等等等等等等
무리 등 훈 ひとしい 음 とう								
階								階階階階階階階階階階階階
섬돌 계 음 かい								
号								号号号号号
부르짖을 호 음 ごう								
皿								皿皿皿皿皿
그릇 명 훈 さら								

男								男男男男男男男
남자 남 훈 おとこ 음 だん/なん								

女								
계집 녀　**훈**おんな/め　**음**じょ/にょ/にょう							女 女 女	

子								
아들 자　**훈**こ　**음**し/す							子 子 子	

電								
번개 전　**음**でん		電 電 電 電 電 電 電 電 電 電 霄 霄 雷 電						

話								
말씀 화　**훈**はなす/はなし　**음**わ		話 話 話 話 話 話 話 話 話 話 話 話 話						

父								
아비 부　**훈**ちち　**음**ふ							父 父 父 父	

母								
어미 모　**훈**はは　**음**ぼ						母 母 母 母 母		

長								
긴 장　**훈**ながい　**음**ちょう					長 長 長 長 長 長 長 長			

親								
친할 친　**훈**おや/したしい∨したしむ　**음**しん	親 親 親 親 親 親 親 親 親 親 親 親 親 親							

姉								
손윗누이 자　**훈**あね　**음**し					姉 姉 姉 姉 姉 姉 姉 姉			

妹								
누이 매　**훈**いもうと　**음**まい					妹 妹 妹 妹 妹 妹 妹 妹			

兄									
형 형	훈 あに 음 けい/きょう							兄 兄 兄 兄 兄	

弟									
아우 제	훈 おとうと 음 てい/だい/で						弟 弟 弟 弟 弟 弟 弟		

家									
집 가	훈 いえ/や 음 か/け				家 家 家 家 家 宇 家 家 家 家				

台									
집 대	음 だい/たい							台 台 台 台 台	

才									
재주 재	음 さい								オ オ オ

戸									
집 호	훈 と 음 こ								戸 戸 戸 戸

屋									
집 옥	훈 や 음 おく					屋 屋 屋 屋 屋 屋 屋 屋 屋			

所									
바 소	훈 ところ 음 しょ					所 所 所 所 所 所 所 所			

住									
살 주	훈 すむ/すまう 음 じゅう					住 住 住 住 住 住 住			

部									
떼 부	음 ぶ			部 部 部 部 部 部 部 部 部 部 部					

具								
갖출 구 🎓そなえる/そなわる 🔊ぐ							具具具具具具具具

庭								
뜰 정 🎓にわ 🔊てい							庭庭庭庭庭庭庭庭庭

柱								
기둥 주 🎓はしら 🔊ちゅう							柱柱柱柱柱柱柱柱柱

庫								
곳집 고 🔊こ/く							庫庫庫庫庫庫庫庫庫

受								
받을 수 🎓うかる/うける 🔊じゅ							受受受受受受受受

箱								
상자 상 🎓はこ							箱箱箱箱箱箱箱箱箱箱箱箱箱箱箱

客								
손 객 🔊きゃく/かく							客客客客客客客客客

様								
모양 양 🎓さま 🔊よう							様様様様様様様様様様様様様

両								
두 량 🔊りょう							両両両両両両

次								
버금 차 🎓つぐ/つぎ 🔊し/じ							次次次次次次

息									
쉴 식	훈 いき 음 そく					息息息息息息息息息息			
他									
다를 타	훈 ほか 음 た						他他他他他		
建									
세울 건	훈 たてる/たつ 음 けん/こん					建建建建建建建建建			
私									
사사 사	훈 わたくし 음 し						私私私私私私私		
倉									
곳집 창	훈 くら 음 そう					倉倉倉倉倉倉倉倉倉倉			

4. 신체

目									
눈 목	훈 め/ま 음 もく/ぼく						目目目目目		
口									
입 구	훈 くち 음 こう/く							口口口	
耳									
귀 이	훈 みみ 음 じ						耳耳耳耳耳耳		

12

手								
손 수	훈 て/た 음 しゅ						手 手 手 手	

足								
발 족	훈 あし/たりる/たる/たす 음 そく					足 足 足 足 足 足 足		

力								
힘 력	훈 ちから 음 りょく/りき							カ カ

頭								
머리 두	훈 あたま/かしら 음 とう/ず/と	頭 頭 頭 頭 頭 頭 頭 頭 頭 頭 頭 頭 頭 頭 頭 頭						

顔								
낯 안	훈 かお 음 がん	顔 顔 顔 顔 顔 顔 顔 顔 顔 顔 顔 顔 顔 顔 顔 顔						

首								
머리 수	훈 くび 음 しゅ				首 首 首 首 首 首 首 首 首			

毛								
터럭 모	훈 け 음 もう						毛 毛 毛 毛	

服								
옷 복	음 ふく					服 服 服 服 服 服 服 服		

鼻								
코 비	훈 はな 음 び	鼻 鼻 鼻 鼻 鼻 鼻 鼻 鼻 鼻 鼻 鼻 鼻 鼻 鼻 鼻						

指								
가리킬 지	훈 さす/ゆび 음 し				指 指 指 指 指 指 指 指			

歯											
이 치	훈 は 음 し						歯歯歯歯歯歯歯歯歯歯歯歯
血											
피 혈	훈 ち 음 けつ						血血血血血血
皮											
가죽 피	훈 かわ 음 ひ						皮皮皮皮皮
全											
온전할 전	훈 まったく 음 ぜん						全全全全全全
身											
몸 신	훈 み 음 しん						身身身身身身身
膚											
살갗 부	훈 はだ 음 ふ					膚膚膚膚膚膚膚膚膚膚膚膚膚膚

学									
배울 학	훈 まなぶ 음 がく						学学学学学学学学
校									
학교 교	음 こう						校校校校校校校校校校

先										
먼저 선 훈 さき 음 せん									先先先先先先	

生										
날 생 훈 いきる/うむ/うまれる 음 せい/しょう									生生生生生	

字										
글자 자 훈 あざ 음 じ									字字字字字字	

語										
말씀 어 훈 かたる/かたらう 음 ご		語語語語語語語語語語語語								

教										
가르칠 교 훈 おしえる/おそわる 음 きょう		教教教教教教教教教教教								

室										
집 실 훈 むろ 음 しつ				室室室室室室室室室						

黒										
검을 흑 훈 くろ/くろい 음 こく		黒黒黒黒黒黒黒黒黒黒黒								

同										
한가지 동 훈 おなじ 음 どう						同同同同同同				

強										
강할 강 훈 つよい/つよまる/つよめる/しいる 음 きょう/ごう		強強強強強強強強強強								

答										
대답 답 훈 こたえる/こたえ 음 とう		答答答答答答答答答答答								

体									
몸 체	훈からだ 음たい/てい						体体体体体体体		

紙									
종이 지	훈かみ 음し					紙紙紙紙紙紙紙紙紙紙			

点									
점 점	음てん					点点点点点点点点点			

科									
과정 과	음か					科科科科科科科科科			

算									
셈 산	음さん				算算算算算算算算算算算算				

数									
셈 수	훈かず/かぞえる 음すう/す			数数数数数数数数数数数数					

組									
짤 조	훈くむ/くみ 음そ				組組組組組組組組組組				

勉									
힘쓸 면	음べん					勉勉勉勉勉勉勉勉勉勉			

問									
물을 문	훈とう/とい/とん 음もん				問問問問問問問問問問				

題									
제목 제	음だい		題題題題題題題題題題題題題題題題題						

漢											
한수 한　음 かん						漢漢漢漢漢漢漢漢漢漢漢漢漢					
板											
널 판　훈 いた　음 はん/ばん								板板板板板板板板			
級											
등급 급　음 きゅう								級級級級級級級級級			
宿											
잘 숙　훈 やど/やどる/やどす　음 しゅく						宿宿宿宿宿宿宿宿宿宿宿宿					
育											
기를 육　훈 そだつ/そだてる　음 いく							育育育育育育育育				
質											
바탕 질　음 しつ/しち/ち					質質質質質質質質質質質質質質						
試											
시험 시　훈 こころみる/ためす　음 し					試試試試試試試試試試試試試						
驗											
시험 험　훈 ためす　음 けん/げん				驗驗驗驗驗驗驗驗驗驗驗驗驗驗驗驗							
英											
꽃부리 영　음 えい								英英英英英英英英			

入										
들 입　훈いる/いれる/はいる　음にゅう										入　入

友										
벗 우　훈とも　음ゆう									友 友 友 友	

門										
문 문　훈かど　음もん								門 門 門 門 門 門 門 門		

場										
마당 장　훈ば　음じょう						場 場 場 場 場 場 場 場 場 場 場				

野										
들 야　훈の　음や						野 野 野 野 野 野 野 野 野 野 野				

走										
달릴 주　훈はしる　음そう							走 走 走 キ 走 走 走			

活										
살 활　음かつ							活 活 活 活 活 活 活 活 活		

運										
옮길 운　훈はこぶ　음うん						運 運 運 運 運 運 運 運 運 運 運				

動										
움직일 동　훈うごく/うごかす　음どう							動 動 動 動 動 動 動 動 動		

18

習										
익힐 습	훈 ならう 음 しゅう					習 習 習 習 習 習 習 習 習 習
転										
구를 전	훈 ころがる/ころげる/ころがす/ころぶ 음 てん				転 転 転 転 転 転 転 転 転 転
式										
법 식	음 しき						式 式 式 式 式 式
球										
공 구	훈 たま 음 きゅう				球 球 球 球 球 球 球 球 球 球
練										
익힐 련	훈 ねる 음 れん		練 練 練 練 練 練 練 練 練 練 練 練 練
投										
던질 투	훈 なげる 음 とう					投 投 投 投 投 投 投
打										
칠 타	훈 うつ 음 だ							打 打 打 打 打
特										
특별할 특	음 とく					特 特 特 特 特 特 特 特 特
別										
나눌 별	훈 わかれる 음 べつ						別 別 別 別 別 別 別
達										
통달할 달	음 たつ				達 達 達 達 達 達 達 達 達 達

19

会								
모일 회 　훈 あう 음 かい/え							会会会会会会	

社								
모일 사 　훈 やしろ 음 しゃ							社社社社社社社	

計								
셈할 계 　훈 はかる/はからう 음 けい						計計計計計計計計計		

記								
기록할 기 　훈 しるす 음 き						記記記記記記記記記		

仕								
섬길 사 　훈 つかえる 음 し/じ							仕仕仕仕仕	

事								
일 사 　훈 こと 음 じ/ず						事事事事事事事事		

員								
인원 원 　음 いん						員員員員員員員員員員		

者								
놈 자 　훈 もの 음 しゃ						者者者者者者者者		

医								
의원 의 　음 い						医医医医医医医		

研								
갈 연	訓 とぐ/みがく 音 けん					研 研 研 研 研 研 研 研		

究								
연구할 구	訓 きわめる 音 きゅう					究 究 究 究 究 究 究		

業									
업 업	訓 わざ 音 ぎょう/ごう			業 業 業 業 業 業 業 業 業 業 業 業					

係								
맬 계	訓 かかる/かかわる/かかり 音 けい				係 係 係 係 係 係 係 係		

平								
평평할 평	訓 たいら/ひら 音 へい/びょう						平 平 平 平 平	

農								
농사 농	音 のう			農 農 農 農 農 農 農 農 農 農 農 農 農					

8. 책과 그림

本								
근본 본	訓 もと 音 ほん						本 本 本 本 本	

白								
흰 백	訓 しろ/しろい/しら 音 はく/びゃく						白 白 白 白 白	

文										
글월 문 · 훈 ふみ 음 ぶん/もん								文 文 文 文		
青										
푸를 청 · 훈 あお/あおい 음 せい/しょう						青 青 青 青 青 青 青 青				
赤										
붉을 적 · 훈 あか/あかい 음 せき/しゃく							赤 赤 赤 赤 赤 赤 赤			
読										
읽을 독 · 훈 よむ 음 どく/とく/とう			読 読 読 読 読 読 読 読 読 読 読 読 読								
色										
빛 색 · 훈 いろ 음 しょく/しき								色 色 色 色 色 色		
絵										
그림 회 · 음 え/かい					絵 絵 絵 絵 絵 絵 絵 絵 絵 絵 絵					
黄										
누를 황 · 훈 き/こ 음 こう/おう				黄 黄 黄 黄 黄 黄 黄 黄 黄 黄 黄						
詩										
시 시 · 음 し				詩 詩 詩 詩 詩 詩 詩 詩 詩 詩 詩 詩						
章										
글 장 · 음 しょう				章 章 章 章 章 章 章 章 章 章 章						
童										
아이 동 · 훈 わらべ 음 どう				童 童 童 童 童 童 童 童 童 童 童						

昔									
예 석 훈 むかし 음 せき/しゃく					昔 昔 昔 昔 昔 昔 昔 昔				
緑									
푸를 록 훈 みどり 음 りょく/ろく				緑 緑 緑 緑 緑 緑 緑 緑 緑 緑 緑 緑 緑 緑					
筆									
붓 필 훈 ふで 음 ひつ					筆 筆 筆 筆 筆 筆 筆 筆 筆 筆 筆				
感									
느낄 감 음 かん				感 感 感 感 感 感 感 感 感 感 感 感					
想									
생각 상 음 そう/そ				想 想 想 想 想 想 想 想 想 想 想 想					
鉛									
납 연 훈 なまり 음 えん			鉛 鉛 鉛 鉛 鉛 鉛 鉛 鉛 鉛 鉛 鉛 鉛 鉛						

9. 여러 가지 취미

音									
소리 음 훈 おと/ね 음 おん/いん						音 音 音 音 音 音 音 音 音			
行									
다닐 행 훈 いく/ゆく/おこなう 음 こう/ぎょう/あん							行 行 行 行 行 行		

画									
그림 화, 그을 획　음 が/かく						画 画 画 画 画 画 画 画			
楽									
즐길 락, 노래 악　훈 たのしい/たのしむ　음 がく/らく					楽 楽 楽 楽 楽 楽 楽 楽 楽 楽 楽 楽				
歌									
노래 가　훈 うた/うたう　음 か				歌 歌 歌 歌 歌 歌 歌 歌 歌 歌 歌 歌 歌 歌					
声									
소리 성　훈 こえ/こわ　음 せい/しょう							声 声 声 声 声 声 声		
工									
장인 공　음 こう/く									工 工 工
作									
지을 작　훈 つくる　음 さく/さ								作 作 作 作 作 作 作	
主									
주인 주　훈 ぬし/おも　음 しゅ/す								主 主 主 主 主	
写									
베낄 사　훈 うつす/うつる　음 しゃ								写 写 写 写 写	
真									
참 진　훈 ま　음 しん						真 真 真 真 真 真 真 真 真			
旅									
나그네 려　훈 たび　음 りょ					旅 旅 旅 旅 旅 旅 旅 旅 旅 旅				

24

物							
물건 물 훈もの 음ぶつ/もつ						物 物 物 物 物 物 物 物	

役							
부릴 역 음やく/えき						役 役 役 役 役 役 役	

荷							
멜 하 훈に 음か						荷 荷 荷 荷 荷 荷 荷 荷 荷 荷	

泳							
헤엄칠 영 훈およぐ 음えい						泳 泳 泳 泳 泳 泳 泳 泳	

相							
서로 상 훈あい 음そう/しょう						相 相 相 相 相 相 相 相 相	

映							
비칠 영 훈うつる/うつす/はえる 음えい						映 映 映 映 映 映 映 映 映	

撲							
칠 박 훈なぐる 음ぼく					撲 撲 撲 撲 撲 撲 撲 撲 撲 撲 撲 撲 撲		

10. 나라

町							
밭두둑 정 훈まち 음ちょう						町 町 町 町 町 町 町	

村									
마을 촌　훈 むら　음 そん						村村村村村村村

王									
임금 왕　음 おう							王王王王

国									
나라 국　훈 くに　음 こく					国国国国国国国国

東									
동녘 동　훈 ひがし　음 とう					東東東東東東東東

道									
길 도　훈 みち　음 どう/とう			道道道道道道道道道道道道

北									
북녘 북, 달아날 배　훈 きた　음 ほく					北北北北北

海									
바다 해　훈 うみ　음 かい					海海海海海海海海海

京									
서울 경　음 きょう/けい					京京京京京京京京

市									
저자 시　훈 いち　음 し					市市市市市

世									
인간 세　훈 よ　음 せ/せい					世世世世世

界						
지경 계 　🔊かい					界界界界界界界界界	

族						
겨레 족 　🔊ぞく					族族族族族族族族族族	

都						
도읍 도 　🔊みやこ 🔊と/つ					都都都都都都都者者都都	

県						
고을 현 　🔊けん					県県県県県県県県県	

区						
구분할 구 　🔊く					区区区区	

州						
고을 주 　🔊す 🔊しゅう					州州州州州州	

民						
백성 민 　🔊たみ 🔊みん					民民民民民	

府						
관청 부 　🔊ふ					府府府府府府府府	

崎						
험할 기 　🔊さき 🔊き					崎崎崎崎崎崎崎崎崎崎	

書							
글 서 · 훈かく 음しょ						書書書書書書書書書書		

店							
가게 점 · 훈みせ 음てん						店店店店店店店店		

広							
넓을 광 · 훈ひろい 음こう						広広広広広		

図							
그림 도 · 훈はかる 음ず/と						図図図図図図図		

池							
못 지 · 훈いけ 음ち						池池池池池池		

公							
공평할 공 · 훈おおやけ 음こう						公公公公		

園							
동산 원 · 훈その 음えん						園園園園園園園園園園園園園		

銀							
은 은 · 음ぎん						銀銀銀銀銀銀銀銀銀銀銀銀銀		

病							
병들 병 · 훈やむ/やまい 음びょう/へい						病病病病病病病病病		

院									
집 원	음 いん						院院院院院院院院院院

館									
집 관	훈 やかた 음 かん				館館館館館館館館館館館館館館館

薬									
약 약	훈 くすり 음 やく				薬薬薬薬薬薬薬薬薬薬薬薬薬薬薬

局									
판 국	음 きょく						局局局局局局局

商									
장사 상	훈 あきなう 음 しょう				商商商商商商商商商商商

神									
귀신 신	훈 かみ/かん/こう 음 しん/じん				神神神神神神神神神

宮									
집 궁	훈 みや 음 きゅう/ぐう/く				宮宮宮宮宮宮宮宮宮宮

祭									
제사 제	훈 まつる/まつり 음 さい				祭祭祭祭祭祭祭祭祭祭

遊									
놀 유	훈 あそぶ 음 ゆう/ゆ				遊遊遊遊遊遊遊遊遊遊遊

便									
편할 편	훈 たより 음 べん/びん					便便便便便便便便

郵							
우편 우 音 ゆう					郵 郵 郵 郵 郵 郵 郵 郵 郵 郵 郵		

車							
수레 채(거) 訓 くるま 音 しゃ					車 車 車 車 車 車 車		
出							
날 출 訓 でる/だす 音 しゅつ/すい					出 出 出 出 出		
高							
높을 고 訓 たかい/たか/たかまる/たかめる 音 こう				高 高 高 高 高 高 高 高 高 高			
通							
통할 통 訓 とおる/とおす/かよう 音 つう/つ				通 通 通 通 通 通 通 通 通 通			
角							
뿔 각 訓 かど/つの 音 かく					角 角 角 角 角 角 角		
交							
사귈 교 訓 まじわる/まじえる/まじる/まざる/まぜる 音 こう				交 交 交 交 交 交			
駅							
역 역 音 えき				駅 駅 駅 駅 駅 駅 駅 駅 駅 駅 駅 駅 駅 駅			

発							
필발　음はつ/ほつ						発発発発発発発発	

死							
죽을 사　훈しぬ　음し						死死死死死死	

列							
벌릴 렬　음れつ						列列列列列列	

鉄							
쇠 철　음てつ						鉄鉄鉄鉄鉄鉄鉄鉄鉄鉄鉄鉄鉄	

橋							
다리 교　훈はし　음きょう						橋橋橋橋橋橋橋橋橋橋橋橋橋橋橋	

速							
빠를 속　훈はやい/はやめる/すみやか　음そく						速速速速速速速速速速	

路							
길 로　훈じ　음ろ						路路路路路路路路路路路路路	

登							
오를 등　훈のぼる　음と/とう						登登登登登登登登登登登登	

坂							
고개 판　훈さか　음はん						坂坂坂坂坂坂坂	

故							
연고 고　훈ことさら/ゆえ　음こ						故故故故故故故故故	

名								
이름 명	훈 な 음 めい/みょう						名 名 夕 名 名 名

理								
다스릴 리	음 り						理 理 理 理 理 理 理 理 理 理

茶								
차 채(다)	음 ちゃ/さ						茶 茶 茶 茶 茶 茶 茶 茶 茶

肉								
고기 육	음 にく						肉 内 内 内 肉 肉

刀								
칼 도	훈 かたな 음 とう						刀 刀

米								
쌀 미	훈 こめ 음 べい/まい						米 米 米 米 米 米

麦								
보리 맥	훈 むぎ 음 ばく						麦 麦 麦 麦 麦 麦 麦

飲								
마실 음	훈 のむ 음 いん						飲 飲 飲 飲 飲 飲 飲 飲 飲 飲 飲 飲

有								
있을 유	훈 ある 음 ゆう/う						有 有 有 有 有 有

洋								
큰 바다 양	昌 よう						洋洋洋洋洋洋洋洋洋	

味								
맛 미	훈 あじ/あじわう 昌 み						味味味味味味味	

品								
물건 품	훈 しな 昌 ひん						品品品品品品品品	

注								
부을 주	훈 そそぐ 昌 ちゅう						注注注注注注注注	

酒								
술 주	훈 さけ/さか 昌 しゅ						酒酒酒酒酒酒酒酒酒	

定								
정할 정	훈 さだまる/さだめる/さだか 昌 じょう/てい						定定定定定定定定	

和								
화할 화	훈 やわらぐ/やわらげる 昌 わ/お						和和和和和和和和	

丁								
장정 정	昌 ちょう/てい						丁丁	

油								
기름 유	훈 あぶら 昌 ゆ						油油油油油油油油	

豆								
콩 두	훈 まめ 昌 とう/ず						豆豆豆豆豆豆豆	

氷								
얼음 빙　훈こおる/こおり/ひ　음ひょう							氷 氷 氷 氷 氷	

菜								
나물 채　훈な　음さい					菜 菜 菜 菜 菜 菜 菜 菜 菜 菜 菜			

堂								
집 당　음どう					堂 堂 堂 堂 堂 堂 堂 堂 堂 堂 堂			

料								
헤아릴 료　음りょう					料 料 料 料 料 料 料 料 料 料			

14. 자연1

山								
메 산　훈やま　음さん							山 山 山	

川								
내 천　훈かわ　음せん							川 川 川	

花								
꽃 화　훈はな　음か						花 花 花 花 花 花 花		

犬								
개 견　훈いぬ　음けん							犬 犬 犬 犬	

森									
수풀 삼 　훈 もり　음 しん						森森森森森森森森森森森森			

林									
수풀 림 　훈 はやし　음 りん						林林林林林林林林			

田									
밭 전 　훈 た　음 でん						田田田田田			

虫									
벌레 충 　훈 むし　음 ちゅう						虫虫虫虫虫虫			

草									
풀 초 　훈 くさ　음 そう						草草草草草草草草草			

竹									
대 죽 　훈 たけ　음 ちく						竹竹竹竹竹竹			

自									
스스로 자 　훈 みずから　음 じ/し						自自自自自自			

地									
땅 지 　음 ち/じ						地地地地地地			

牛									
소 우 　훈 うし　음 ぎゅう						牛牛牛牛			

鳥									
새 조 　훈 とり　음 ちょう						鳥鳥鳥鳥鳥鳥鳥鳥鳥鳥鳥			

寺							
절 사 　📖てら 🔊じ						寺 寺 寺 寺 寺 寺	
原							
근원 원 　📖はら 🔊げん					原 原 原 原 原 原 原 原 原		
石							
돌 석 　📖いし 🔊せき/しゃく/こく						石 石 石 石 石	
岩							
바위 암 　📖いわ 🔊がん					岩 岩 岩 岩 岩 岩 岩 岩		
谷							
골 곡 　📖たに 🔊こく					谷 谷 谷 谷 谷 谷 谷		
羽							
깃 우 　📖は/はね 🔊う						羽 羽 羽 羽 羽 羽	
鳴							
울 명 　📖なく/ならす/なる 🔊めい			鳴 鳴 鳴 鳴 鳴 鳴 鳴 鳴 鳴 鳴 鳴 鳴 鳴				
馬							
말 마 　📖うま/ま 🔊ば					馬 馬 馬 馬 馬 馬 馬 馬 馬 馬		
炭							
숯 탄 　📖すみ 🔊たん					炭 炭 炭 炭 炭 炭 炭 炭 炭		
畑							
화전 전 　📖はた/はたけ					畑 畑 畑 畑 畑 畑 畑 畑		

36

流											
흐를 류	훈 ながす/ながれる 음 りゅう/る						流 流 流 流 流 流 流 流 流 流

湖											
호수 호	훈 みずうみ 음 こ						湖 湖 湖 湖 湖 湖 湖 湖 湖 湖 湖

羊											
양 양	훈 ひつじ 음 よう							羊 羊 羊 羊 羊 羊

追											
쫓을 추	훈 おう 음 つい						追 追 追 追 追 追 追 追

根											
뿌리 근	훈 ね 음 こん						根 根 根 根 根 根 根 根 根

実											
열매 실	훈 み/みのる 음 じつ						実 実 実 実 実 実 実 実

低											
낮을 저	훈 ひくい/ひくまる/ひくめる 음 てい						低 低 低 低 低 低 低

然											
그럴 연	음 ぜん/ねん					然 然 然 然 然 然 然 然 然 然 然 然

空								
빌 공	훈 そら/あく/あける/から 음 くう						空空空空空空空空	

貝								
조개 패	음 かい						貝貝貝貝貝貝貝	

魚								
물고기 어	훈 うお/さかな 음 ぎょ					魚魚魚魚魚魚魚魚魚魚魚		

太								
클 태	훈 ふとい/ふとる 음 たい/た						太大大太	

光								
빛 광	훈 ひかる/ひかり 음 こう						光光光光光光	

星								
별 성	훈 ほし 음 せい/しょう					星星星星星星星星星		

汽								
물 끓는 김 기	음 き						汽汽汽汽汽汽汽	

船								
배 선	훈 ふね/ふな 음 せん					船船船船船船船船船船		

深								
깊을 심	훈 ふかい/ふかまる/ふかめる 음 しん				深深深深深深深深深深深			

岸							
언덕 안	훈 きし 음 がん					岸岸岸岸岸岸岸岸		

港							
항구 항	훈 みなと 음 こう				港港港港港港港港港港港港			

笛							
피리 적	훈 ふえ 음 てき				笛笛笛笛笛笛笛笛笛笛笛			

島							
섬 도	훈 しま 음 とう				島島島島島島島島島島			

波							
물결 파	훈 なみ 음 は				波波波波波波波波			

陽							
볕 양	음 よう				陽陽陽陽陽陽陽陽陽陽陽陽			

16. 날씨, 계절

天							
하늘 천	훈 あめ/あま 음 てん					天天天天		

雨							
비 우	훈 あめ/あま 음 う				雨雨雨雨雨雨雨雨			

春							
봄 춘　훈 はる　음 しゅん					春春春春春春春春春		
夏							
여름 하　훈 なつ　음 か/げ					夏夏夏夏夏夏夏夏夏夏		
秋							
가을 추　훈 あき　음 しゅう					秋秋秋秋秋秋秋秋秋		
冬							
겨울 동　훈 ふゆ　음 とう					冬冬冬冬冬		
風							
바람 풍　훈 かぜ/かざ　음 ふう/ふ					風風風風風風風風風		
雲							
구름 운　훈 くも　음 うん					雲雲雲雲雲雲雲雲雲雲雲雲		
雪							
눈 설　훈 ゆき　음 せつ					雪雪雪雪雪雪雪雪雪雪雪		
晴							
갤 청　훈 はれる/はらす　음 せい					晴晴晴晴晴晴晴晴晴晴晴		
度							
법도 도, 헤아릴 탁　훈 たび　음 ど/と					度度度度度度度度度		
暑							
더울 서　훈 あつい　음 しょ					暑暑暑暑暑暑暑暑暑暑暑暑		

寒										
찰 한 　🔟 さむい 　🔊 かん						寒寒寒寒寒寒寒寒寒寒寒寒				
温										
따뜻할 온 　🔟 あたたかい/あたたまる/あたためる 　🔊 おん					温温温温温温温温温温温温					
落										
떨어질 락 　🔟 おとす/おちる 　🔊 らく						落落落落落落落落落落落落				
葉										
잎 엽 　🔟 は 　🔊 よう						葉葉葉葉葉葉葉葉葉葉葉葉				

17. 위치, 방향, 크기

上										
위 상 　🔟 うえ/あげる/あがる/のぼる 　🔊 じょう									上上上	
下										
아래 하 　🔟 した/さがる/さげる 　🔊 か/げ									下下下	
中										
가운데 중 　🔟 なか 　🔊 ちゅう/じゅう									中中中中	
左										
왼 좌 　🔟 ひだり 　🔊 さ									左左左左左	

右								
오른쪽 우　(훈) みぎ　(음) う/ゆう							右 右 右 右 右	

大								
큰 대　(훈) おお/おおきい/おおいに　(음) だい/たい							大 大 大	

小								
작을 소　(훈) ちいさい/こ/お　(음) しょう							小 小 小	

西								
서녘 서　(훈) にし　(음) せい/さい							西 西 西 西 西 西	

南								
남녘 남　(훈) みなみ　(음) なん/な					南 南 南 南 南 南 南 南 南			

外								
바깥 외　(훈) そと/ほか/はずす/はずれる　(음) がい/げ							外 外 外 外 外	

間								
사이 간　(훈) あいだ/ま　(음) かん/けん				間 間 間 間 間 間 間 間 間 間 間 間				

内								
안 내　(훈) うち　(음) ない/だい							内 内 内 内	

横								
가로 횡　(훈) よこ　(음) おう			横 横 横 横 横 横 横 横 横 横 横 横 横 横					

向								
향할 향　(훈) むかう/むく/むける/むこう　(음) こう							向 向 向 向 向 向	

央								
가운데 앙 **음** おう							央央央央央	

18. 모양

弱								
약할 약 **훈** よわい/よわる/よわまる/よわめる **음** じゃく					弱弱弱弱弱弱弱弱弱弱			

直								
곧을 직 **훈** ただちに/なおす/なおる **음** ちょく/じき					直直直直直直直直			

線								
줄 선 **음** せん				線線線線線線線線線線線線線線線				

形								
모양 형 **훈** かた/かたち **음** けい/ぎょう						形形形形形形形		

丸								
둥글 환 **훈** まる/まるい/まるめる **음** がん								丸九丸

細								
가늘 세 **훈** こまかい/こまやか/ほそい/ほそる **음** さい					細細細細細細細細細細細			

短								
짧을 단 **훈** みじかい **음** たん				短短短短短短短短短短短短				

43

曲								
굽을 곡	🔁 まがる/まげる 🔉 きょく					曲 曲 曲 曲 曲 曲		
表								
겉 표	🔁 あらわす/あらわれる/おもて 🔉 ひょう					表 表 表 表 表 表 表 表		
美								
아름다울 미	🔁 うつくしい 🔉 び					美 美 美 美 美 美 美 美 美		
面								
낯 면	🔁 おも/おもて/つら 🔉 めん					面 面 面 面 面 面 面 面 面		

19. 감정, 생각

見								
볼 견	🔁 みる/みえる/みせる 🔉 けん					見 見 見 見 見 見 見		
心								
마음 심	🔁 こころ 🔉 しん					心 心 心 心		
引								
끌 인	🔁 ひく/ひける 🔉 いん					引 引 引 引		
考								
생각할 고	🔁 かんがえる 🔉 こう					考 考 考 考 考 考		

思								
생각 **사** ⟮훈⟯おもう ⟮음⟯し						思 思 思 思 思 思 思 思 思		

悪								
악할 악, 미워할 **오** ⟮훈⟯わるい ⟮음⟯あく/お					悪 悪 悪 悪 悪 悪 悪 悪 悪 悪			

意								
뜻 **의** ⟮음⟯い				意 意 意 意 意 意 意 意 意 意 意				

待								
기다릴 **대** ⟮훈⟯まつ ⟮음⟯たい						待 待 待 待 待 待 待 待 待		

幸								
다행 **행** ⟮훈⟯さいわい/しあわせ/さち ⟮음⟯こう							幸 幸 幸 幸 幸 幸 幸 幸	

福								
복 **복** ⟮음⟯ふく				福 福 福 福 福 福 福 福 福 福 福 福				

期								
기약할 **기** ⟮음⟯き/ご				期 期 期 期 期 期 其 期 期 期 期				

配								
나눌 **배** ⟮훈⟯くばる ⟮음⟯はい					配 配 配 配 配 配 配 配 配 配			

悲								
슬플 **비** ⟮훈⟯かなしい/かなしむ ⟮음⟯ひ					悲 悲 悲 悲 悲 悲 悲 悲 悲 悲			

反								
돌이킬 **반** ⟮훈⟯そらす/そる ⟮음⟯はん/ほん/たん							反 反 反 反	

対						
대할 **대**	🔊 たい/つい				対 対 対 対 対 対 対

不						
아닐 **불(부)**	🔊 ふ/ぶ				` 不 不 不 不

好						
좋을 **호**	🔊 このむ/すく 🔊 こう				好 好 好 好 好 好

20. 동작1

立						
설 **립**	🔊 たつ/たてる 🔊 りつ/りゅう				立 立 立 立 立

言						
말씀 **언**	🔊 いう/こと 🔊 げん/ごん				言 言 言 言 言 言 言

聞						
들을 **문**	🔊 きく/きこえる 🔊 ぶん/もん		聞 聞 聞 聞 聞 聞 聞 聞 聞 聞 聞 聞 聞 聞

開						
열 **개**	🔊 あく/あける/ひらく/ひらける 🔊 かい		開 開 開 開 開 開 開 開 開 開 開

持						
가질 **지**	🔊 もつ 🔊 じ			持 持 持 持 持 持 持 持

46

守						
지킬 수	훈 まもる/もり 음 しゅ/す				守守守守守守

取						
가질 취	훈 とる 음 しゅ				取取取取取取取取

拾						
주을 습, 열 십	훈 ひろう 음 しゅう/じゅう				拾拾拾拾拾拾拾拾拾

助						
도울 조	훈 たすかる/たすける 음 じょ				助助助助助助助

植						
심을 식	훈 うえる/うわる 음 しょく			植植植植植植植植植植植

産						
낳을 산	훈 うむ/うまれる/うぶ 음 さん			産産産産産産産産産産

貸						
빌릴 대	훈 かす 음 たい			貸貸貸貸貸貸貸貸貸貸貸貸

21. 동작2

切						
끊을 절, 온통 체	훈 きる/きれる 음 せつ/さい				切切切切

知						
알 지 훈 しる 음 ち						知 知 知 知 知 知 知 知

合						
합할 합 훈 あう/あわせる/あわす 음 ごう/がつ/かつ						合 合 合 合 合 合

当						
마땅 당 훈 あたる/あてる 음 とう						当 当 当 当 当 当

使						
부릴 사 훈 つかう 음 し						使 使 使 使 使 使 使

送						
보낼 송 훈 おくる 음 そう						送 送 送 送 送 送 送 送 送

集						
모일 집 훈 あつまる/あつめる/つどう 음 しゅう					集 集 集 集 集 集 集 集 集 集 集

命						
목숨 명 훈 いのち 음 めい/みょう						命 命 命 命 命 命 命 命

整						
가지런할 정 훈 ととのう/ととのえる 음 せい	整 整 整 整 整 整 整 整 整 整 整 整 整 整 整

調						
고를 조 훈 しらべる/ととのう/ととのえる 음 ちょう	調 調 調 調 調 調 調 調 調 調 調 調 調 調

放						
놓을 방 훈 はなす/はなつ/はなれる 음 ほう						放 放 放 放 放 放 放 放

消									
사라질 소 훈 きえる/けす 음 しょう							消消消消消消消消消消		

22. 반대의 의미를 갖는 한자

少									
적을 소 훈 すくない/すこし 음 しょう								少少少少	

多									
많을 다 훈 おおい 음 た								多多多多多多	

新									
새 신 훈 あたらしい/あらた/にい 음 しん					新新新新新新新新新新新新				

古									
예 고 훈 ふるい/ふるす 음 こ								古古古古古	

来									
올 래 훈 くる/きたる/きたす 음 らい							来来来来来来来		

買									
살 매 훈 かう 음 ばい						買買買買買買買買買買買買			

明									
밝을 명 훈 あかり/あかるい/あかるむ/あからむ/あかす 음 めい/みょう							明明明明明明明明		

遠										
멀 원	훈 とおい 음 えん/おん				遠 遠 遠 遠 遠 遠 遠 遠 遠 遠 遠 遠

近										
가까울 근	훈 ちかい 음 きん				近 近 近 近 近 近 近

止										
그칠 지	훈 とまる/とめる 음 し				止 止 止 止

売										
팔 매	훈 うる/うれる 음 ばい				売 売 売 売 売 売 売

安										
편안 안	훈 やすい 음 あん				安 安 安 安 安 安

暗										
어두울 암	훈 くらい 음 あん			暗 暗 暗 暗 暗 暗 暗 暗 暗 暗 暗 暗

軽										
가벼울 경	훈 かるい/かろやか 음 けい			軽 軽 軽 軽 軽 軽 軽 軽 軽 軽 軽

重										
무거울 중	훈 おもい/かさねる/かさなる 음 じゅう		重 重 重 重 重 重 重 重 重

去										
갈 거	훈 さる 음 きょ/こ				去 去 去 去 去

始										
비로소 시	훈 はじめる/はじまる 음 し			始 始 始 始 始 始 始

終							
마칠 종	훈 おわる/おえる 음 しゅう				終 終 終 終 終 終 終 終 終 終		

進							
나아갈 진	훈 すすむ/すすめる 음 しん				進 進 進 進 進 進 進 進 進 進 進		

苦							
쓸 고	훈 くるしい/くるしめる/くるしむ/にがい 음 く				苦 苦 苦 苦 苦 苦 苦 苦		

返							
돌이킬 반	훈 かえす/かえる 음 へん				返 返 返 返 返 返 返		

勝							
이길 승	훈 かつ/まさる 음 しょう				勝 勝 勝 勝 勝 勝 勝 勝 勝 勝 勝 勝		

負							
질 부	훈 おう/まかす/まける 음 ふ				負 負 負 負 負 負 負 負 負		

借							
빌릴 차	훈 かりる 음 しゃく				借 借 借 借 借 借 借 借 借		

23. 기타

糸							
실 사	훈 いと 음 し				糸 糸 糸 糸 糸 糸		

玉								
옥 옥	훈 たま 음 ぎょく						玉 玉 王 王 玉	
用								
쓸 용	훈 もちいる 음 よう						用 月 月 用 用	
弓								
활 궁	훈 ゆみ 음 きゅう						弓 弓 弓	
矢								
화살 시	훈 や 음 し						矢 矢 矢 矢 矢	
里								
마을 리	훈 さと 음 り						里 里 里 里 里 里 里	
代								
대신할 대	훈 かわる/かえる/よ/しろ 음 だい/たい						代 代 代 代 代	
由								
말미암을 유	훈 よし 음 ゆ/ゆう						由 由 由 由 由	
予								
미리 예	훈 あらかじめ 음 よ						予 予 予 予	
昭								
밝을 소	음 しょう						昭 昭 昭 昭 昭 昭 昭 昭 昭	
委								
맡길 위	음 い						委 委 委 委 委 委 委 委	

談					
말씀 담　音 だん					談談談談談談談談談談談談談談談

帳					
휘장 장　音 ちょう					帳帳帳帳帳帳帳帳帳帳

礼					
예도 례　音 れい/らい					礼礼礼礼礼

申					
납 신　訓 もうす 音 しん					申申申申申

君					
임금 군　訓 きみ 音 くん					君君君君君君君

決					
터질 결　訓 きまる/きめる 音 けつ					決決決決決決決

化					
될 화　訓 ばかす/ばける 音 か/け					化化化化

以					
써 이　音 い					以以以以以

説					
말씀 설, 달랠 세　訓 とく 音 せつ/ぜい					説説説説説説説説説説説説説

休 (쉴 휴)	体 (몸 체)	頭 (머리 두)		顔 (낯 안)	
早 (이를 조)	申 (펼 신)	毛 (터럭 모)		手 (손 수)	
夕 (저녁 석)	多 (많을 다)	皮 (가죽 피)		波 (물결 파)	
正 (바를 정)	止 (그칠 지)	全 (온전 전)		金 (쇠 금)	
何 (어찌 하)	河 (물 하)	問 (물을 문)	門 (문 문)	間 (사이 간)	
方 (모 방)	万 (일만 만)	開 (열 개)		聞 (들을 문)	
湯 (끓일 탕)	陽 (볕 양)	板 (널 판)		坂 (고개 판)	
働 (일할 동)	動 (움직일 동)	入 (들 입)		人 (사람 인)	
飯 (밥 반)	飲 (마실 음)	走 (달릴 주)		起 (일어날 기)	
洗 (씻을 세)	先 (먼저 선)	活 (살 활)		話 (말할 화)	
八 (여덟 팔)	人 (사람 인)	転 (구를 전)		輕 (가벼울 경)	
千 (일천 천)	干 (방패 간)	投 (던질 투)		役 (부릴 역)	
土 (흙 토)	王 (임금 왕)	特 (특별할 특)		持 (가질 지)	
第 (차례 제)	弟 (아우 제)	本 (근본 본)		木 (나무 목)	
皿 (그릇 명)	血 (피 혈)	白 (흰 백)		百 (일백 백)	
親 (친할 친)	新 (새로울 신)	絵 (그림 회)		会 (모일 회)	
妹 (누이 매)	姉 (손윗누이 자)	昔 (예 석)	音 (소리 음)	借 (빌릴 차)	
才 (재주 재)	木 (나무 목)	工 (장인 공)		王 (임금 왕)	
住 (살 주)	主 (주인 주)	旅 (나그네 려)		族 (겨레 족)	
具 (갖출 구)	貝 (조개 패)	王 (임금 왕)	玉 (구슬 옥)	主 (주인 주)	
柱 (기둥 주) 注 (물댈 주) 住 (살 주)		東 (동녘 동)		車 (수레 차)	
客 (손 객)	各 (각각 각)	池 (연못 지)	他 (다를 타)	地 (땅 지)	
目 (눈 목)	日 (날 일)	園 (동산 원)		遠 (멀 원)	

薬 (약 약)	楽 (풍류 악)	太 (클 태)	大 (큰 대)
名 (이름 명)	各 (각각 각)	汽 (김 기)	気 (기운 기)
肉 (고기 육)	內 (안 내)	島 (섬 도)	鳥 (새 조)
刀 (칼 도)	力 (힘 력)	天 (하늘 천)	夫 (지아비 부)
米 (쌀 미)	木 (나무 목)	雪 (눈 설)	雲 (구름 운)
味 (맛 미)	未 (아닐 미)	晴 (갤 청) 青 (푸를 청) 清 (맑을 청)
油 (기름 유)	由 (말미암을 유)	丸 (알 환)	九 (아홉 구)
氷 (얼음 빙)	水 (물 수)	待 (기다릴 대)	持 (가질 지)
堂 (집 당)	党 (무리 당)	反 (돌이킬 반)	皮 (가죽 피)
犬 (개 견)	大 (큰 대)	合 (합할 합)	会 (모일 회)
森 (수풀 삼) 木 (나무 목) 林 (수풀 림)		少 (적을 소)	小 (작을 소)
自 (스스로 자)	目 (눈 목)	返 (돌이킬 반)	反 (돌이킬 반)
牛 (소 우)	午 (낮 오)	糸 (실 사)	絵 (그림 회)
石 (돌 석)	右 (오른쪽 우)	弓 (활 궁)	引 (끌 인)
谷 (골 곡)	合 (합할 합)	里 (마을 리)	理 (이치 리)
鳴 (울 명)	鳥 (새 조)	由 (말미암을 유)	田 (밭 전)
羊 (양 양) 半 (반 반) 洋 (큰 바다 양)		昭 (밝을 소)	助 (도울 조)
貝 (조개 패) 目 (눈 목) 見 (볼 견)		説 (말씀 설)	話 (말할 화)